COLLANA LE ALTRE CULTURE
I Valdesi e le loro Valli

Tutti i diritti riservati
in Italia e all'estero
© Gennaio 1989 — DANIELA PIAZZA EDITORE
Corso Galileo Ferraris, 103 - Torino

Progetto grafico Profilo
Realizzazione Ottografica
Coordinamento editoriale Wilma Armando
Stampa:
Arnoldo Mondadori Editore S.p.A. - Stabilimento di Verona
Copertina di Elena Grassi

I VALDESI E LE LORO VALLI

Testi di AUGUSTO COMBA
Immagini di MARIO BENNA — ENRICO BERTONE

DANIELA PIAZZA EDITORE

ISBN 88-7889-047-2

PREFAZIONE

Le Valli Valdesi costituiscono la testimonianza storica dell'unico nucleo di protestantesimo italiano attualmente localizzato.

La storia dei Valdesi si intreccia con gli eventi caratterizzanti della storia italiana e della storia europea. Alla fine del 1200, un gruppo di eretici in fuga dalla Francia ostile, guidati da Pierre Valdo, trova rifugio sulle montagne dell'alto Pinerolese.

Nascono così in Val Pellice e in Val Germanasca le prime piccole comunità che si chiamano Valdesi (da Pierre Valdo). I Valdesi aderiscono alla Riforma (1532) e sono coinvolti nelle guerre di religione che caratterizzano questo periodo, fino alla revoca dell'Editto di Nantes (1685) ed al conseguente loro esilio in Svizzera ed in altri paesi ospitali, che dura fino al 1688.

Nel 1689 i Valdesi decidono di lasciare le terre ospitali, ma straniere, e di ritornare nei luoghi di origine della loro storia. Con una leggendaria traversata delle Alpi, "il glorioso rimpatrio" alla guida di giovani valdesi che si improvvisano condottieri, essi rientrano nelle loro valli, in cui per un secolo circa vivono tollerati dalle popolazioni locali, pur non avendo libertà religiose.

In Val Pellice e Val Germanasca le comunità Valdesi si ampliano e si caratterizzano per tutta una serie di interventi sociali: costruiscono ospedali, scuole, licei, convitti per i giovani che vengono a studiare dalle montagne, case di riposo per anziani, ecc. Ancora oggi alcuni modelli derivati da queste esperienze costituiscono autentici prototipi di funzionalità per le strutture sociali similari.

Il secondo conflitto mondiale e la guerra di liberazione vedono i Valdesi impegnati in prima linea nella Resistenza. Non esagerava quel comandante tedesco che esclamava "i valdesi son tutti ribelli" perché per i valdesi essere "ribelli" significava ancora una volta essere gente votata a difendere, con il coraggio della disperazione, la famiglia, la casa, il villaggio, la libertà propria e quella della Patria. Essi non sono solo presenti nella guerra di liberazione che si combatte su quelle montagne che conoscono così bene ma, come già in passato, contribuiscono ai profondi mutamenti culturali e politici che il conflitto in atto sta prefigurando.

Ricordiamo a questo proposito le loro proposte significative espresse nella Carta di Chivasso del 1943.

Tra le caratteristiche di queste valli emerge la parlata, "il provenzale alpino", qui chiamato il "patois", derivato dal provenzale (langue d'oc) che dal 1000 al 1200 era stata la lingua della cultura raffinata dei "troubadour".

Le Valli Valdesi continuano ancora oggi a distinguersi per le loro tradizioni religiose e culturali, di cui il patois rimane un elemento significativo. In esso si esprimono infatti i canti e le leggende più antiche, testimonianze della cultura provenzale unita all'originalità della cultura valdese. Anche per questo talvolta gli abitanti di queste Valli hanno messo a fianco della bandiera nazionale quella provenzale.

Questa pubblicazione vuole proporre un percorso ideale nelle Valli Valdesi. L'obiettivo sarà raggiunto se essa stimolerà la curiosità del lettore e lo invoglierà, passo passo, ad iniziare un "cammino" che ci auguriamo significativo nella cultura e nella storia di queste Valli.

Crediamo possa significativamente allargare la conoscenza delle Valli Valdesi, nella Celebrazione del Tricentenario del Glorioso Rimpatrio che si tiene appunto in questo anno.

Siamo grati a quanti hanno lavorato per contribuire a raggiungere questo risultato.

Emilio Trovati
*Assessore allo Sviluppo Sociale
della Provincia di Torino*

CAPITOLO PRIMO — L'AMBIENTE

1. PREMESSA

Il titolo di questa pubblicazione collega strettamente geografia e storia. Soggetto della storia sono i Valdesi, continuatori di un'eresia medioevale, che dalla metà del Cinquecento aderirono alla Riforma protestante ottenendo dal loro sovrano, il Duca di Savoia, di praticare il culto in un limitato territorio alpino fino a che, nel 1848, l'editto di tolleranza connesso con la promulgazione dello Statuto, concesse loro i diritti civili in tutto il Regno sabaudo e successivamente nell'Italia unita. Da allora i fattori economici hanno cambiato il volto, oltre che fisico, anche demografico e culturale di quel territorio che quasi tre secoli di isolamento avevano strettamente legato alla storia dei Valdesi.

Sembra quindi opportuno dar inizio alla presente esposizione con la descrizione dell'ambiente geografico, costituito dalla parte medio-alta della Val Pellice e relative convalli, dalla confinante Val Germanasca, e da una parte della bassa Val Chisone. A definire i limiti delle "Valli valdesi" è un editto sabaudo del 20 febbraio 1596, in cui si fa uso delle antiche denominazioni: "Valli di Luserna" per la Val Pellice; "Valle dell'Inverso Perosa" per la parte sinistra della bassa Val Chisone; "Valle di San Martino" per la Val Germanasca. Infine "Mandamento di San Secondo" per le alture adiacenti allo sbocco della Val Chisone nell'inizio di pianura dove sorge Pinerolo, alture che comprendono l'attuale comune di Prarostino.

Ed eccone il testo: "Le comunità nelle quali sono tollerati i Religionari (termine con cui la legislazione sabauda designava i Valdesi) essere le seguenti; cioè: nella Valle di Luserna, Angrogna, La Torre, San Giovanni, Villar, Bobbio e Rorà. Nella Valle dell'Inverso Perosa al di là del Chisone: Inverso Porte, Inverso Pinasca, Pramollo, Pomaretto, San Germano e Chianuvere ossia Villar Alto; nella Valle di San Martino: Rioclaretto, Prali, Massello, Salza, Rodoretto, Traverse, Ciabrano, San Martino, Faetto, Bovile, Perrero; e nel mandamento di San Secondo: Roccapiatta, San Bartolomeo e Prarostino".

Da questa elencazione il "confine", risulta costituito in alto dalla displuviale esterna del complesso Val Pellice-Val Germanasca; in basso, nella Val Pellice, da una specie di linea divisoria all'interno del Comune di Luserna San Giovanni; inoltre dai limiti a valle degli attuali comuni di Angrogna e Prarostino, mentre nella Val Chisone, dallo stesso torrente Chisone in cui sono considerati valdesi i territori della riva destra, chiamati "l'Inverso" (la parte esposta verso Nord), da Porte a Perosa.

1. *"Casa Valdese" a Torre Pellice*
2. *Veduta della Val Pellice da Roccia Maneud*

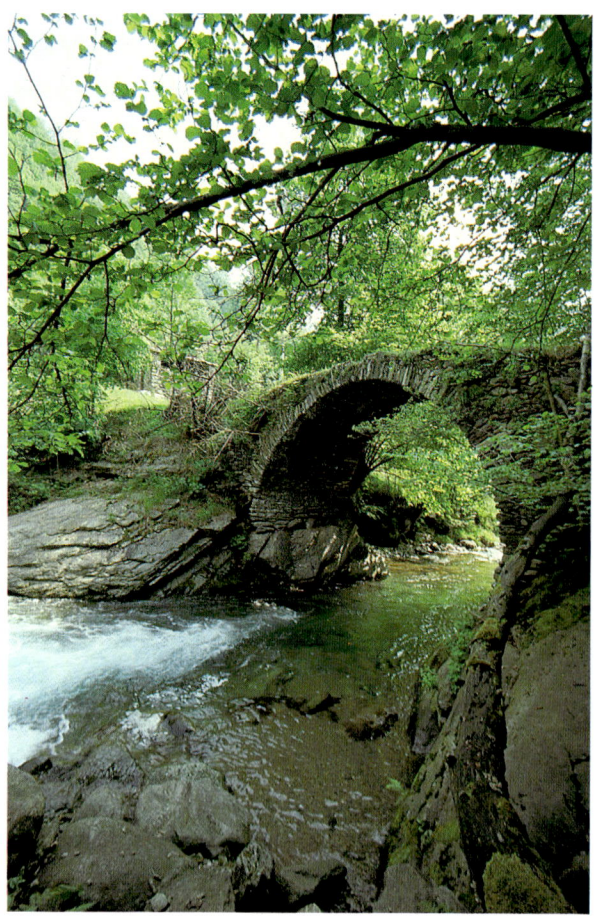

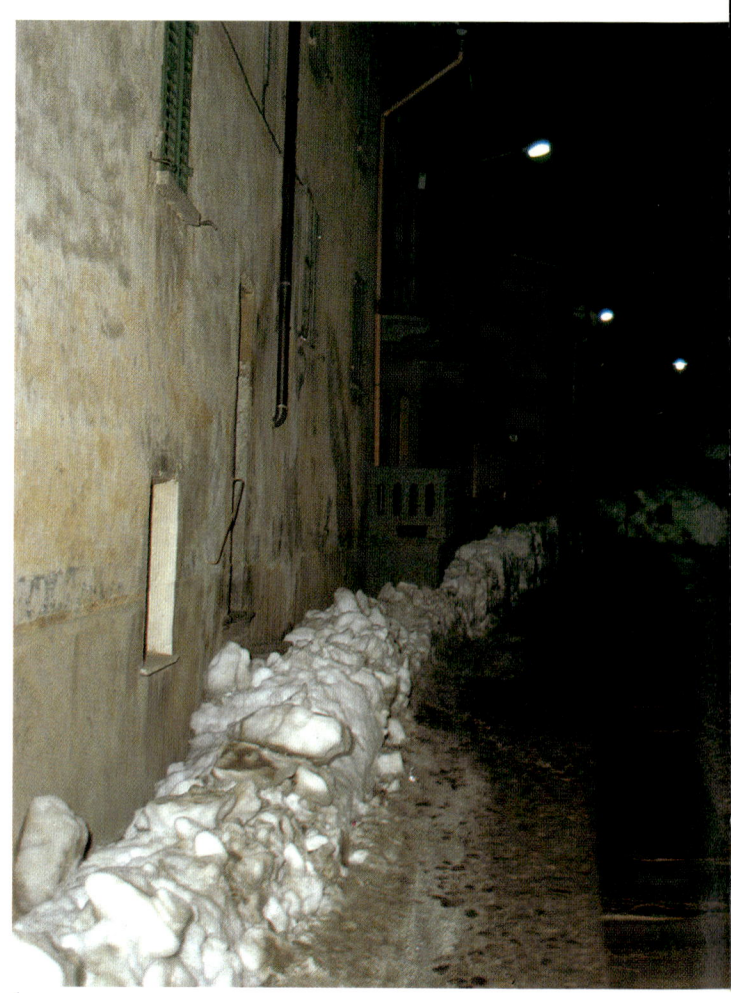

3. *Chiôt d'l Aiga, antico ponte sull'Angrogna*

4. *S. Giovanni, via Beckwith*

4

6

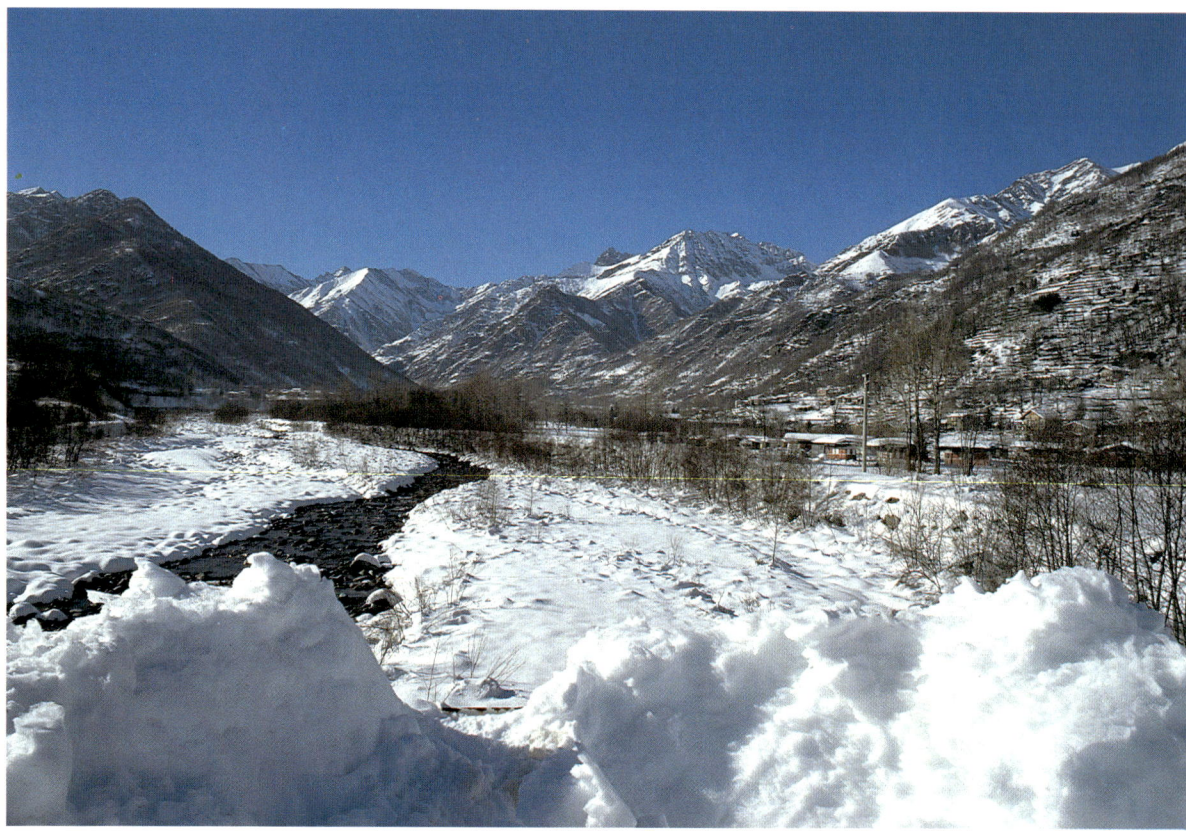

10. *Il Castelluzzo*

11. *Veduta della Val Pellice*

Pellice, detta anche vallone di Rorà, dal nome del paese sito con le sue frazioni sul versante sinistro del torrente, antica terra valdese. Il confine del comune di Luserna San Giovanni giunge fino all'inizio dell'abitato di *Torre Pellice*, ove subito si passa il ponte sull'Angrogna, il torrente che scende dall'omonima convalle per affluire da sinistra nel Pellice.

La Valle d'*Angrogna*, considerata il cuore delle Valli Valdesi, si sviluppa all'inizio perpendicolarmente alla Val Pellice, poi piega in direzione Ovest-Est, sale fra pareti dirupate alla conca di Pra del Torno e culmina ai piedi del passo del *Roux* (m. 2830), che la divide dalla valle di Prali.

Continuando a risalire la Val Pellice, attraversati i centri di *Villar Pellice* e di *Bobbio Pellice*, ha inizio la parte più alta e scoscesa della valle, che dopo *Villanova* piega in direzione Nord-Sud. Da qui si raggiunge l'ampio bacino (fondo di un antico lago) del *Prà* (m. 1732) ai piedi della catena di monti che segna il confine con la Francia; nel suo ultimo tratto montuoso la valle culmina nel monte *Granero* (m. 3171). La catena che dal Granero si sviluppa verso Nord, segnando, il confine comprende il *Colle della Croce* (m. 2298) e le vette del *Palavas* (m. 2929) e del *Boucie* (m. 2998). Da qui si diparte il contrafforte che divide il bacino del Pellice dalla Val Germanasca. Esso comprende il *Col Giuliano* (m. 2451) e culmina nella punta *Cournour* (m. 2868), cui segue il passo già menzionato del *Roux*, fra la Val d'Angrogna e la Val Germanasca. Il contrafforte secondario che

Discesa al Bars d'la Tajola, luogo di rifugio dei Valdesi al tempo delle persecuzioni

divide la Val d'Angrogna dalla Val Pellice comprende il monte *Vandalino* (m. 2120) che fa da sfondo a Torre Pellice col caratteristico profilo del *Castelluzzo* (m. 1410), sulla cui rocciosa parete Sud sporgono l'esiguo terrazzo detto *Bars d'la Tajola*, già rifugio dei Valdesi al tempo delle persecuzioni, e le alture della *Sea*. Da tale contrafforte scendono nella Val Pellice varie ripide convalli, percorse da affluenti di sinistra del Pellice, come il Cruel, il Subiasc e il Ruspart.

Dal Granero verso Sud la catena di confine con la Francia sovrasta l'alta Val Po. Questa è divisa dalla Val Pellice dalla cresta che comprende la *Meidassa* (m. 3105), il *Col d'la Gianna* (m. 2525), il *Friolant* (m. 2720), che sovrasta il vallone di Rorà.

I contrafforti che da tale cresta vanno verso la Val Pellice formano le belle convalli da cui scendono alcuni affluenti di destra del Pellice. In particolare, in parallelo con la catena che fa da displuviale verso la Francia, si diparte dal Granero la cresta fra il Prà e la *Comba dei Carbonieri*, con punte come il *Manzol* (m. 2931), l'*Agugliassa* (m. 2794) e il col *Barant* (m. 2373) che serve da tramite fra le due convalli. Dal Friolant si diparte, invece, il contrafforte che divide la *Comba dei Carbonieri* dalla *Comba Liussa* e la cresta che divide il vallone di Rorà dalla media Val Pellice, sopra Villar e Torre, su cui si addolcisce nel piacevole colle di *Pian Prà* (m. 1140).

15. *Comba dei Carbonieri*
(pagina seguente)

5. Roccia "del profeta" in alta Val d'Angrogna
6. Da Villar Pellice verso l'alta valle
7. Villanova, l'abitato

8. Conca del Prà

9. Località Crosennetta

3. VAL CHISONE, VAL GERMANASCA E CONVALLI: STRUTTURA GEOGRAFICA

Della Val Chisone, per quanto abbiamo detto in premessa sui "confini" imposti ai Valdesi, considereremo soltanto il fianco destro della bassa valle, detta anche Val Perosa. Partendo da Pinerolo, si possono osservare alla confluenza con la Val Pellice le alture di *Prarostino*. Dopo *Abbadia Alpina* e l'abitato di Porte, un ponte dà accesso, a sinistra della strada statale, alla zona di *Inverso Porte*. Più oltre, un altro ponte conduce all'abitato di *San Germano Chisone*, all'imbocco del Vallone di *Pramollo*, percorso dal rio Risagliardo, che affluisce nel Chisone poco a valle del ponte anzidetto. Proseguendo, la valle si fa più ampia, e sempre stando sulla riva sinistra del Chisone, quindi in territorio vietato un tempo ai Valdesi, per *Villar Perosa* e per *Pinasca*, a cui corrisponde sul lato opposto *Inverso Pinasca*, si giunge a *Perosa Argentina*; questa cittadina è posta su un'altura che restringe il punto di passaggio fra la bassa e l'alta Val Chisone, e segna in pari tempo lo sbocco in essa della *Val Germanasca*.

Contiguo a quello di Perosa è l'abitato di *Pomaretto*, primo comune della Val Germanasca, punto d'entrata quindi in questa parte del territorio valdese. Da qui, dopo 6 chilometri circa, e dopo aver incontrato alcuni gruppi di case, fra cui il più consistente è quello dei *Chiotti inferiori*, si raggiunge *Perrero*, centro amministrativo della zona. Per oltre una decina di chilometri la strada sale per la parte più stretta, selvaggia e ripida della valle, fino a giungere a *Prali*. A destra man mano si dipartono le strade che portano alle località soprastanti Perrero e Pomaretto, a *Chiabrano*, a *Maniglia*, alla borgata *San Martino* (che ha dato l'antico nome a tutta la Val Germanasca), a *Villasecca* e *Bovile*; la strada che percorre il vallone di *Massello*, con la sua convalle di *Salza*, e quella che dà accesso al vallone di *Rodoretto*. Infine la valle si allarga nella bella conca pianeggiante di *Prali* di cui *Ghigo* è il centro principale. La strada consente di percorrere in auto ancora un tratto fino a incontrare il tondeggiante poggio di *Bô dâ Col*, che divide le ramificazioni della parte più alta della valle, coronata da un acrocoro posto a Sud.

La parte occidentale di tale acrocoro corrisponde a un tratto di confine con la Francia. Continuando, la catena di confine della Val Pellice si diparte dal *Boucie* (m. 2998) e va fino al *Grand Queyron* (m. 3060); in mezzo vi è il *Col d'Abries* (m. 2658), tradizionale valico verso la zona francese del Queyras. Dal Gran Queyron verso Nord si sviluppa la catena che divide a Ovest la Val Germanasca dalla Valle Argentiera, poi dall'alta Val Chisone. Vi si nota il *Frappier* (m. 3003), dalla caratteristica forma conica e la ripidissima *Vergio* (m. 2990). Da questa vetta si diparte la cresta che divide la conca di Prali dal vallone di Rodoretto e si prolunga fino all'altura tondeggiante di *Galmount* (m. 1657), mentre nel seguito della catena, dopo aver formato le testate dei valloni di Rodoretto e di Massello, scende fino alle alture soprastanti di Pomaretto. Sono da notare il bric *Ghinivert* o *Eiminal* (m. 3037) e il colle dell'*Albergian* (m. 2713).

Vediamo ora dall'altro lato della Val Germanasca la catena che costituisce la spina orografica interna alle Valli Valdesi e divide la Val Germanasca e la bassa Val Chisone dalla Val Pellice e dalla Val d'Angrogna. Dopo il primo tratto, dal *Boucie* al *Roux*, si diparte la cresta che divide la conca di Prali dal contiguo vallone di Faetto, culmina nell'erta *Punta Cialancia* (m. 2885), si dirama sull'abitato di Prali con il caratteristico cocuzzolo del *Cappello d'Envie* (m. 2618) e, dopo la *Rocca Bianca* (m. 2379), giunge con le sue ultime pendici sul medio corso della Germanasca.

Sotto l'arco che va dal Cappello d'Envie al Cournour si estende il caratteristico altopiano dei *Tredici Laghi*, meta di frequenti escursioni, in seggiovia o a piedi, da Prali e Perrero.

Invece, la catena che abbiamo definito come spina orografica interna alle Valli, va avanti dividendo la Val d'Angrogna dal vallone di Faetto fino al *Gran Truc* (m. 2366). Qui una sua diramazione di sinistra divide il vallone di Faetto dal vallone di Riclaretto che sbocca a valle sui Chiotti inferiori; la cresta centrale divide il vallone di Riclaretto da quello di Pramollo e comprende la bella costa pianeggiante di *Las Arà* (fra i 1700 e i 1650 m. ca.); la diramazione di destra divide la Val d'Angrogna da Pramollo e forma, dopo il monte *Servin* (m. 1756), l'ameno colle della Vaccera (m. 1461), punto di passaggio fra Angrogna e Pramollo; poi scende dolcemente, dividendo la Val d'Angrogna dalla bassa Val Chisone e finisce nelle alture di *Prarostino* e in quelle soprastanti San Giovanni.

16. *Vallone di Massello*

18. *Ghigo di Prali*

17. *Tempio di Massello in località Ciaberso*

19. *Borgata Porte di Massello*

4. PAESAGGIO, FLORA, FAUNA E MINERALI

Ci siamo soffermati a descrivere con qualche esattezza la struttura geografica delle Valli valdesi, anche per consentire al lettore di trarre dalla descrizione due deduzioni che ci sembrano importanti; una sul piano storico-politico (che verrà sviluppata in seguito), l'altra sul piano dei valori ambientali.

La considerazione storico-politica è questa: le Valli valdesi nel complesso formano una specie di triangolo, alla cui base si trova la catena delle Alpi al confine con la Francia, mentre ai lati vi sono catene minori che convergono verso la punta. Qui il "territorio" valdese si affacciava appena sulla pianura, che era loro vietata dai Savoia. Tuttavia, sia la base del triangolo (le Alpi coi loro valichi), sia il lato sinistro (la Val Chisone) costituivano un confine facilmente valicabile verso il territorio francese. Nel cuore del territorio valdese non mancavano "ridotti" ben difendibili, di cui il più centrale era, nell'interna Val d'Angrogna, Pra del Torno. Questi fattori geografici e politici, come si vedrà, saranno essenziali per la sopravvivenza valdese nel burrascoso periodo fra metà '500 e inizio '700. L'altra più semplice considerazione è che, pure in limiti tanto brevi, queste valli comprendono una straordinaria varietà di altitudini e di tipologie ambientali, che ne costituiscono il fascino paesistico.

Dal lato della Val Pellice, la terra più "molle e dilettosa" è certo costituita da San Giovanni e dalle sue colline in lieve pendenza; più in alto, Torre Pellice dà la sensazione di uno spazio ben delimitato fra i monti: qui il Vandalino mostra già da vicino la natura alpestre delle altre vette che si disegnano sullo sfondo. Vette sempre più vicine a Villar e Bobbio, il cui territorio comprende il trapasso dal fondovalle e dalle prime pendici, ai tratti più severi della fascia intermedia — particolarmente pittoreschi in certe convalli, come ad esempio le "combe" di Liussa e dei Carbonieri —, al vero e proprio paesaggio di montagna, così singolare nella conca del Prà. Le alture di Rorà, di Prarostino, della cresta sotto cui si estende la Val d'Angrogna, ricavano gran parte del loro fascino dalla contemporanea contemplazione di alte vette sulle quali si affaccia il Monviso, e della pianura che, là davanti, pare immensa. Nella Val d'Angrogna, la costa più dolce e popolata del lato Est era un tempo luogo di mille possibili passeggiate per le strade infossate nel verde. Oggi in buona parte quelle vecchie strade sono desuete, mentre la piacevolezza di quelle pendici ha sollecitato la costruzione di molte "seconde case". Così il complesso della bassa Val Chisone e della Val Germanasca comprende tutte le possibili varietà di paesaggio. Fra le bellezze della parte alta, le più note sono quelle di Prali, il cui sfondo di rara suggestione viene goduto da migliaia di sciatori, d'inverno, e da numerosi villeggianti d'estate. Ma chi ancora oggi si spinge da San Germano su per Pramollo, da Pomaretto su per le minori valli che abbiamo menzionato, trova anche qui, negli antichi paesi ora in gran parte spopolati, o a portata di escursione, una straordinaria varietà di siti e vedute di cui godere.

Parte notevole di questi valori paesistici è costituita dal verdeggiare di tanta parte delle valli. Dedichiamo quindi un breve cenno alla vegetazione, come anche alla fauna e ai minerali.

Tale cenno sarà da completare più oltre trattando dell'economia agricola ed estrattiva. Ma occorre sin d'ora osservare che anche su questo argomento affiorano considerazioni storiche. Abitate un tempo da migliaia e migliaia di contadini, le valli dovevano in passato presentare un paesaggio rurale ben diverso dall'attuale, coi campicelli coltivati su per i fianchi delle vallate fino all'estremo limite possibile; cogli alti pascoli percorsi da numerose mandrie di mucche e greggi di pecore e capre. In larga misura questi aspetti, sia pure già intaccati, si conservavano fino a 40 anni fa.

Ora invece, poco più in alto del fondovalle o di quelle pendici su cui si è costruito di recente, i prati e le culture arboree utili o decorative lasciano il posto all'intrico di arbusti e boschi cedui, dove l'albero più nobile e bello, specialmente nella Val Pellice, è pur sempre il castagno, un tempo risorsa alimentare essenziale, oggi trascurato e purtroppo insidiato da malattie che lo vanno distruggendo. Più in alto dominano le betulle o le conifere, rappresentate, soprattutto nella Val Germanasca, dai pini cembri, dai larici e dagli abeti della varietà "bianca" così detta per il colore chiaro della corteccia che contrasta con la chioma scurissima. Più rari sono faggi e frassini, le querce, e numerosi i noccioli. Fra gli arbusti si notano soprattutto il ginepro, il sambuco e i rododendri dalla bella fioritura a macchia. Assai variegata — e oggi giustamente protetta, perché suscettibile di distruzione dalla raccolta indiscriminata — la flora tipicamente alpina: genziane, viole, narcisi, anemoni, varie qualità di gigli, erica, lavanda, i velenosi aconiti e, fino alle alte quote, margherite gialle, aster alpino, fiori "a cuscinetto", stelle alpine. In vari siti sono assai invitanti, purtroppo anche per i raccoglitori, il genepì, i mirtilli, le fragole di bosco, e naturalmente, nei luoghi a loro favorevoli, i funghi di varie specie.

La fauna selvatica, per lungo tempo decimata indiscriminatamente, comprende pochissimi stambecchi, pochi camosci, lepri alpine, scoiattoli e marmotte, ma di recente sono stati introdotti caprioli e mufloni. Inoltre esistono le volpi, le faine, gli ermellini e i cinghiali che negli ultimi anni si sono notevolmente moltiplicati.

Fra gli uccelli, rarissime ormai le aquile; più numerosi altri rapaci, come le poiane, gli sparvieri e i falchi. Fra gli uccelli notturni il gufo, la civetta. Più comuni e numerosi sono il corvo, il merlo, il tordo, il picchio, la capinera, lo scricciolo, la cingallegra, il verdone, il cardellino, la ballerina. La caccia minaccia la sopravvivenza della pernice e del gallo forcello.

Oltre a lucertole e ramarri sono caratteristiche di alcune località le salamandre e, nei luoghi più disabitati, numerose sono le vipere e le bisce.

Fra i minerali, molte sono le varietà interessanti, in particolare nella Val Germanasca (qui una sezione del museo di Prali, di cui diremo in seguito, è dedicata alla loro raccolta e illustrazione). Le rocce più diffuse sono gli scisti, ma si trovano il serpentino, il quarzo, la pirite, e l'amianto.

Il minerale che ha dato luogo nella Val Germanasca a un vero e proprio sfruttamento industriale, è il *talco*. Ne riparleremo in tema di industrie estrattive, menzionando anche, a proposito della stessa zona, la grafite, i marmi, e i minerali contenenti rame e ferro.

Anche la valle del Pellice, oltre ai minerali suddetti, reca tracce di antichi sfruttamenti minerari di caolino, marmo bianco e oligisto. Il più ampio e importante sfruttamento estrattivo è peraltro quello della cosiddetta *"pietra di Luserna"* (gneiss tabulare), ricavata appunto da varie cave del vallone in cui scorre il torrente Luserna e sul cui versante occidentale è sparso l'abitato di Rorà.

L'uso della "pietra di Luserna" è largamente diffuso anche a Torino per lastricati, scale, ecc., e nelle valli per le lastre di copertura dei tetti, le cosiddette "lose".

20. *Verso l'alta Val Pellice*

21. *Profilo del monte Vandalino e del Castelluzzo*
    (pagine precedenti)

22.23. *Paesaggi autunn*

24. Fiore di larice

25. Fioritura di rododendri

26. Raro esemplare di genziana bianca

26

29

27. *Raro esemplare di rododendro bianco*

28. *Giglio di monte o "Paradisia"*

29. *Anemoni*

30. *Fungo porcino, abbondante alle medie quote*

31. *Piccolo di marmotta*

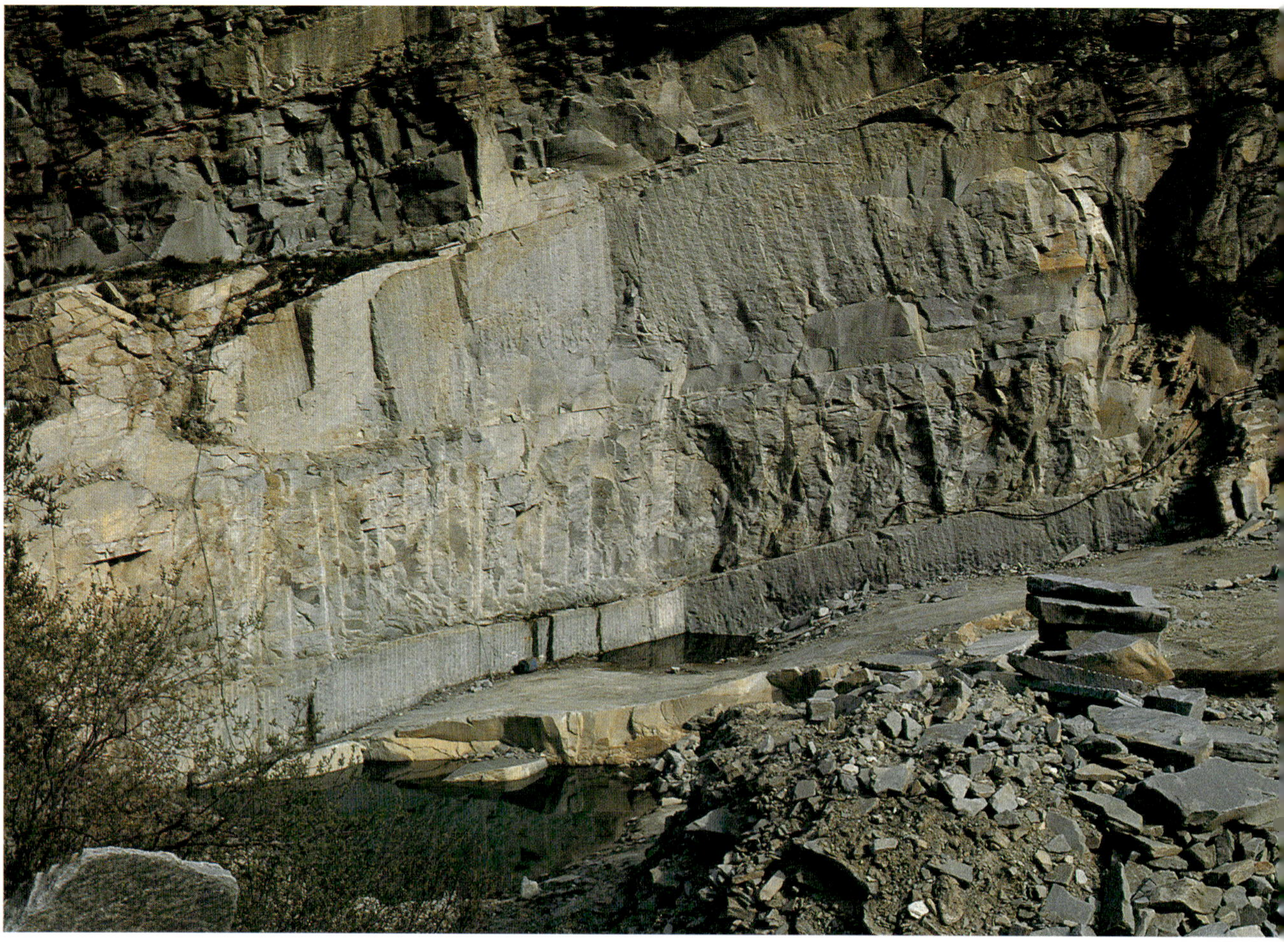

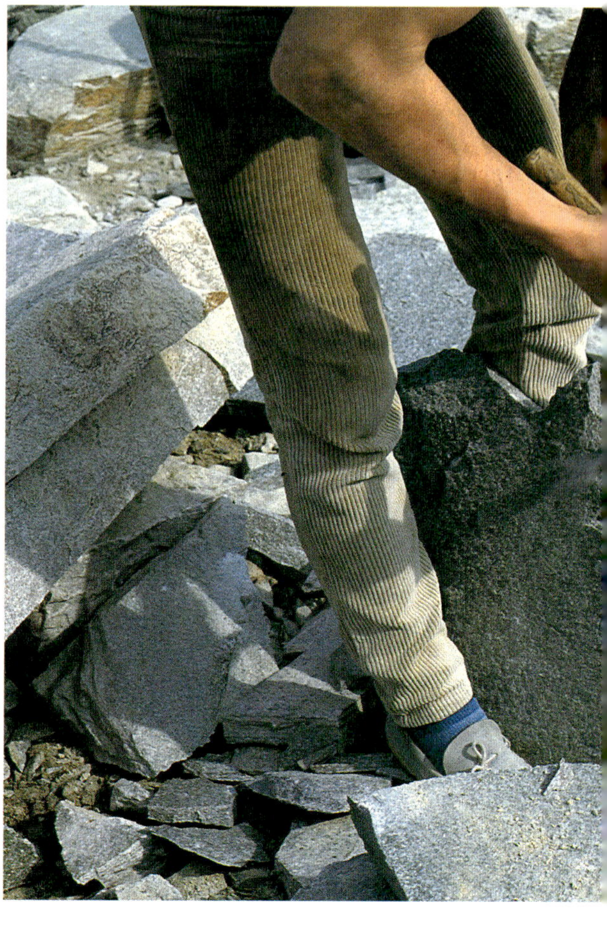

Estrazione e lavorazione della pietra di Luserna

5. L'ECONOMIA: AGRICOLTURA, INDUSTRIA, TURISMO

L'attività agricola e di allevamento ha avuto una determinante importanza storica per gli abitanti valdesi del territorio che abbiamo descritto, in quanto fino alla fine della seconda guerra mondiale si può dire che uno degli elementi socioeconomici, che si aggiungeva a quelli religiosi per distinguerli dai loro conterranei cattolici, era che in grande maggioranza essi traevano il loro sostentamento da tale attività. D'altra parte sarà risultato evidente che solo una parte modesta di tale territorio presentava caratteristiche veramente favorevoli per l'agricoltura.
Salvo limitate zone di fondovalle, in particolare nella media Val Pellice, le aree coltivabili erano per lo più costituite dai pendii delle medie vallate. Qui la coltivazione si spingeva spesso fino sui pendii più ripidi, in cui i campicelli erano ricavati col terrazzamento e col faticoso riporto, effettuato con le gerle, del terriccio occorrente. Salvo alcune zone elettivamente idonee per colture più specializzate, come Prarostino e la zona di Pomaretto per la vite, l'indirizzo era per lo più policolturale e prevalentemente destinato all'autoconsumo. Oltre alla vite, dov'era possibile, erano praticate prevalentemente colture cerealicole. La coltivazione delle patate, praticata a detta degli storici sin dal Seicento nelle Valli valdesi (tanto che un merito riconosciuto ad Arnaud e ai Valdesi emigrati in Germania all'inizio del Settecento era di aver introdotto nelle zone da loro abitate le patate), sembra che abbia avuto un'importanza limitata fino agli inizi dell'Ottocento, epoca in cui prese un nuovo e più ampio sviluppo. Specialmente nella Val Pellice una risorsa aggiuntiva importante era costituita dalla raccolta delle castagne, elemento integrante dell'alimentazione. Altra risorsa fondamentale era costituita dall'allevamento di bovini e soprattutto d'ovini e caprini.
Alla metà dell'Ottocento il rapporto fra tali risorse e la pressione demografica era giunto a un punto limite. Determinò un movimento di emigrazione che da allora ha comportato la costante e progressiva diminuzione degli addetti all'agricoltura nelle Valli valdesi, tenuto conto anche dell'occupazione industriale creata verso la fine del secolo da nuovi insediamenti di fondo valle. Nel nostro secolo, e specialmente dopo la seconda guerra mondiale, il principale responsabile dell'abbandono dell'agricoltura valligiana è stata la marginalizzazione di un'agricoltura e un'allevamento incompatibili con i parametri indicati dalle nuove tecniche.
Nella ricerca dedicata all'economia del Pinerolese nel 1971 da docenti dell'Università di Torino, il settore agricolo è stato studiato in un apposito capitolo da Gino Lusso. Egli scriveva allora: "Un aspetto negativo accomuna ormai tutta la fascia montana: si tratta della quasi totale scomparsa di una attività agricola economicamente indipendente. Là dove questa attività viene svolta, è in posizione fortemente subordinata e in condizioni economiche marginali. Essa viene praticata prevalentemente da persone anziane, oppure da giovani, ma come attività complementare. Questa situazione è ormai visivamente tangibile, tant'è che nell'area montana gli abbandoni e le disintensivazioni si sono inseriti nel paesaggio agricolo in modo da diventarne gli elementi caratterizzanti. Si tratta di pascoli che non vengono più sfruttati, di prati irrigui non più irrigati, di seminativi non più coltivati, di vigneti lasciati a gerbido". Nel restante sviluppo del suo studio G. Lusso specificava in quali altre zone delle valli pinerolesi le realtà e le prospettive erano più favorevoli. Ad esempio, la zona di Prarostino veniva considerata nella "fascia pedemontana", e qui, mentre la vite continuava ad essere la coltura principale, si constatava anche una rilevante diffusione della frutticoltura.
Ma tale non era invece la situazione nel basso versante sinistro della Val Germanasca, da Pomaret-

to a Perrero, anch'esso un tempo interessato, come si è detto, dalla coltura della vite. Qui ormai essa era quasi completamente abbandonata. "Le cause — scriveva G. Lusso — sono da ricercarsi nella mancanza di mano d'opera, nell'eccessivo frazionamento particellare ma principalmente nella non economicità del prodotto ottenibile... Resta la grande superficie dei prati e dei pascoli i quali sono per una buona parte in condizioni di completo abbandono o di sfruttamento marginale. A questo proposito è importante porre in evidenza come le condizioni di progressivo sfaldamento dell'attività agricola dimostrino che questa attività, se lasciata a se stessa, continua irrimediabilmente la china della smobilitazione".
Constatazioni negative investivano anche un'altra risorsa un tempo importante nella parte mediana del fondovalle, tra Torre Pellice e Bobbio Pellice: "È l'area del castagneto, area che un tempo aveva un'importanza eccezionale per gli abitanti della zona, ma che oggi ha, per l'agricoltura locale, un valore del tutto trascurabile". Quanto all'allevamento, in altro studio G. Lusso constatava il *trend* fortemente negativo del patrimonio zootecnico delle Valli, soggetto un decennio dopo l'altro a una quasi generale diminuzione, talvolta massiccia, come nel caso del bestiame caprino, su cui avevano influito fra l'altro improvvide disposizioni del periodo fascista. A proposito della Val d'Angrogna, dove manteneva una certa importanza l'allevamento bovino e caprino, G. Lusso annotava: "Va posto in evidenza come la presenza di aree ricche di pascoli abbia in parte favorito

36. Molatura della falce

40

*Raccolta delle foglie secche
per il giaciglio degli animali*

41

41. *Fienagione in montagna*

42. *Pausa durante la fienagione*

43. *Covone di fieno in pascolo di media montagna*

44. *Prarostino, l'abitato*

45. *Vigneti di Prarostino*
(pagina a destra)

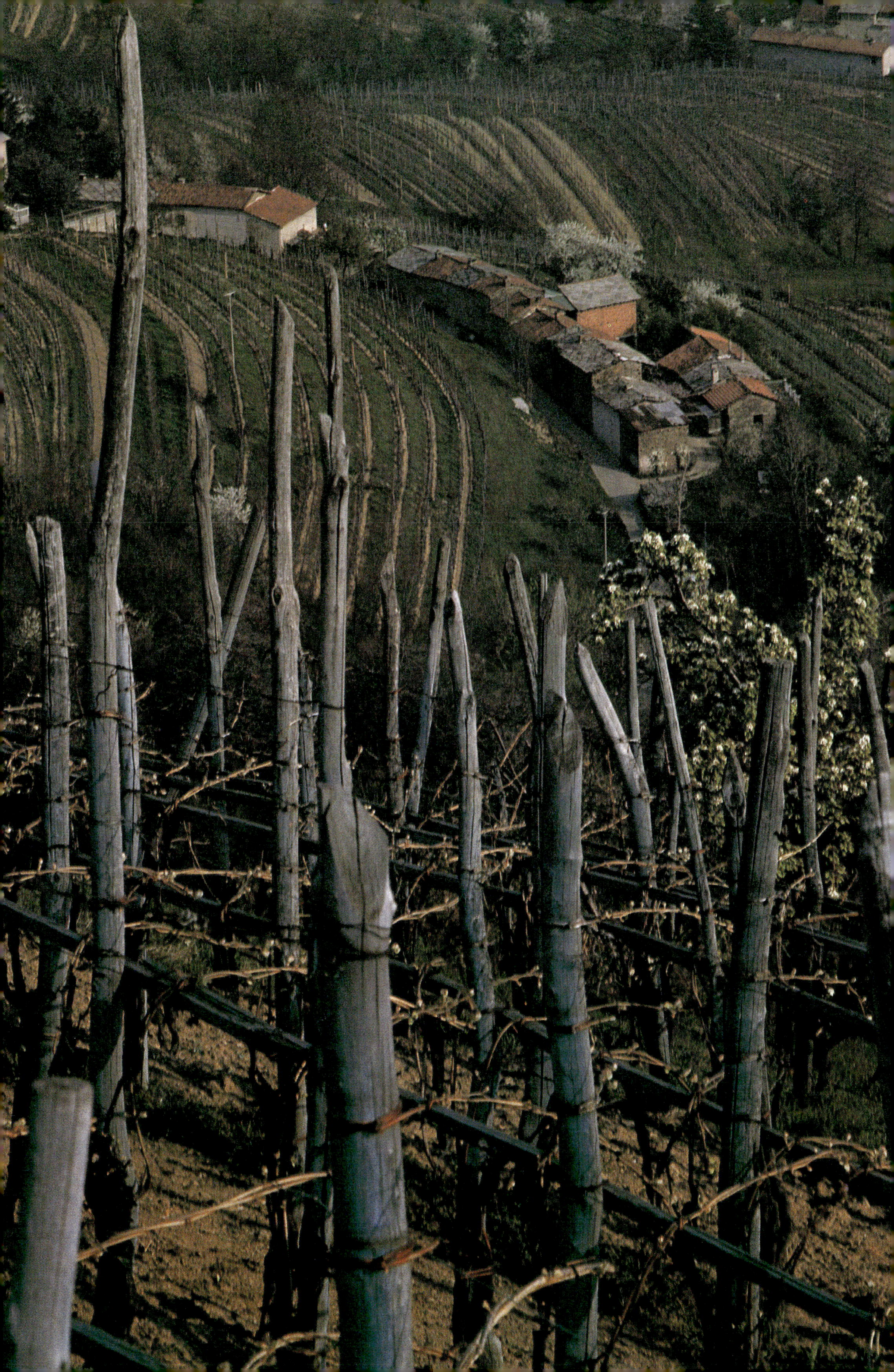

46. *Ex Cotonificio Widemann di S. Germano*

47. *Estrazione di talco nelle miniere della Società Talco e Grafite*

48. *Gara di biathlon con l'arco alla Vaccera*

la sopravvivenza di aziende che sarebbero scomparse con ordinamenti colturali diversi". Senonché "questi pascoli sono oggi solo marginalmente sfruttati; non c'è infatti alcun rapporto fra il carico di bestiame retto fino a pochi anni fa e quello attualmente esistente (ad Angrogna le "alpi" accolgono oggi una ottantina circa di bovini mentre pochi anni fa ospitavano più di 500 capi; nel 1930 questi ammontavano a 1106)".

Per quanto riguarda l'allevamento, specialmente bovino, gli sviluppi successivi consentono oggi valutazioni più ottimistiche: l'interessamento della Comunità montana, la costituzione di cooperative, l'adozione di adeguati provvedimenti tecnici e organizzativi hanno consentito di stabilizzare la situazione nella Val Pellice.

L'attività industriale ha avuto una grande importanza per la vita economica delle Valli valdesi e ne conserva tuttora, sebbene in misura minore. Infatti, specialmente a partire dagli ultimi decenni dell'Ottocento, lo sviluppo di importanti stabilimenti, giunti nel nostro secolo ad occupare nell'insieme varie migliaia di persone, ha compensato il progressivo deperimento dell'agricoltura ed ha conservato nella zona un sostanziale equilibrio demografico, e questo in modo prevalente con l'accrescimento della popolazione dei centri di fondovalle a detrimento di quella delle alte valli; ma in qualche misura anche consentendo a nuclei di popolazione delle alte valli di continuare a risiedervi, avendo la possibilità di occuparsi proficuamente nei vicini insediamenti industriali. Ciò è

47

48

avvenuto, per i Valdesi, non senza difficoltà e diffidenze, sicché per un esteso periodo iniziale buona parte della manodopera industriale è stata costituita da non Valdesi e talora da personale immigrato da altre zone.

Nella Val Pellice già fra la fine del Settecento e gli inizi dell'Ottocento varie piccole imprese, particolarmente nel settore serico, avevano cominciato ad impiantarsi. Nel 1833 sorse a Pralafera, a metà strada fra Luserna San Giovanni e Torre Pellice, per iniziativa del valdese Giuseppe Malan, una filatura di cotone. Acquisita poi dalla famiglia Mazzonis, essa divenne il punto di partenza del gruppo di stabilimenti tessili con cui i Mazzonis installarono nella valle un complesso a ciclo integrato.

Esso comprendeva, oltre alla filatura e alla tessitura, lo stabilimento di Torre Pellice adibito a stamperia, e giunse nel periodo del suo massimo sviluppo ad occupare fino a 2500 dipendenti.

Successivamente altri stabilimenti tessili venivano a completare questo tipo di vocazione industriale della Val Pellice: le filature Vaciago a Luserna e Turati a Lusernetta, e il feltrificio Crumière a Villar Pellice, complessivamente con alcune centinaia di dipendenti. Anche nella bassa Val Chisone s'impiantavano a partire da fine Ottocento stabilimenti tessili di consistente importanza: il cotonificio Widemann a San Germano, il cotonificio di Perosa Argentina, ora passato al gruppo Valle Susa, e il setificio Gütermann sempre a Perosa Argentina.

Ma con l'inizio del nostro secolo la Val Chisone acquisiva nei confronti della Val Pellice l'importante vantaggio dell'insediamento di un ramo d'industria più moderno e dinamico di quello tessile, cioè dell'industria meccanica. Nel 1906 sorgevano a Villar Perosa i primi impianti della RIV per la produzione di cuscinetti a sfera; la crescita di questa industria era rapida e continua e ben presto diventava la più importante della zona. In seguito la presenza del settore meccanico nella valle si è completato con lo sviluppo della Martin di Porte (oggetti di precisione) e di uno stabilimento ausiliario FIAT a Villar Perosa.

Un altro tipo d'industria che, presente da tempo in forma frazionata e diffusa, ha assunto dalla fine del secolo scorso maggiore consistenza e razionalità nella Val Chisone e in particolare nella Val Germanasca, è quella estrattiva. Nell'alto vallone di Massello, nella zona del Beth, erano sfruttati un tempo minerali di rame e di ferro; i cantieri vennero poi chiusi dopo che nel 1904 una spaventosa valanga uccise 81 minatori. A Prali, nella zona di Rocca Bianca, sin dal Medioevo (e ancora attualmente nella cava Majera), viene estratto marmo bianco; e così a Salza, dove inoltre si ricava marmo grigio. Ma l'industria estrattiva di gran lunga più importante è quella del talco, gestita un tempo soprattutto a Prali da una società inglese, poi dal 1907 dalla Società Talco e Grafite, la quale ha concentrato le attività minerarie a San Germano e a Villar Perosa per la grafite, nella Val Germanasca per il talco e la relativa lavorazione (in particolare, nella valle, a Perosa Argentina e a Malanaggio). La stessa società ha sviluppato in epoche diverse la sua attività industriale a Pinerolo e in altre regioni e paesi. Nel decennio 1950-60 le attività della Talco Grafite hanno avuto un andamento brillante, occupando circa 1200 addetti, di cui buona parte della Val Germanasca, come minatori. Per quanto riguarda la Val Pellice, si è già detto delle cave di "pietra di Luserna".

A partire dagli anni Sessanta la sorte delle industrie specificamente localizzate nell'area delle Valli valdesi è entrata in una fase gravemente negativa, ciò specialmente per le difficoltà in cui, com'è noto, si è trovata l'industria tessile. L'episodio più drammatico di questa crisi fu, nel 1965, il fallimento delle industrie Mazzonis che comportò il licenziamento di ben 1700 persone; anche in Val Chisone l'industria tessile venne drasticamente ridimensionata dalla chiusura della Widemann e dall'andamento negativo degli stabilimenti di Perosa, con forte riduzione dell'attività e

49. Escursione in alta valle
(pagine seguenti)

del personale. In tale zona anche le attività della Talco Grafite hanno subìto, per ragioni inerenti la disponibilità ed economicità del minerale estraibile, un notevole calo. Nella Val Chisone quindi le possibilità di lavoro sono attualmente rappresentate essenzialmente dal settore meccanico e nella fattispecie dalla RIV (assorbita nella multinazionale svedese SKF). Nella Val Pellice un parziale riassorbimento della manodopera è stato attuato dall'attivazione o dalla continuazione di una ventina di stabilimenti, diversificati fra vari rami di produzione e concentrati per la maggior parte nel comune di Luserna San Giovanni. Qui in particolare è sorta la Helca, industria dolciaria che occupa oltre 300 dipendenti. Nel settore meccanico sono da notare, sempre a Luserna San Giovanni, gli stabilimenti Microtecnica (impianti aero-spaziali), Graziano (gruppi trasmissione) e Corcos (anelli di tenuta). Fra gli stabilimenti tessili, ridotti a modeste dimensioni, vi è la Manifattura abiti (confezioni). Nuovi tipi di produzione sono rappresentati dalla Cartochimica (pannelli in legno) e dalla Natura holding (cosmetici). Un'attività che invece negli stessi anni ha assunto un ritmo assai sostenuto è l'edilizia, specialmente nel settore residenziale privato, con la costruzione di numerose seconde case specialmente nella Val Pellice e a Prali, ma anche di nuovi stabilimenti, di edifici pubblici (scuole ecc.) e da ultimo nella ricostruzione e ristrutturazione di opere assistenziali.

Espressione locale di un fenomeno generalizzato nel nostro paese e nel mondo, dopo l'agricoltura anche l'industria ha comunque registrato una netta diminuzione delle sue capacità occupazionali a favore del settore terziario: commercio, pubblica amministrazione, istruzione, assistenza. A proposito di quest'ultima non trascuriamo di accennare come la stessa Chiesa valdese, con le sue istituzioni culturali e assistenziali, che esamineremo in un successivo paragrafo, venga oggi a costituire da questo punto di vista, un'"azienda" di significativa importanza.

Ma per concludere l'esame economico della zona, è opportuno soffermarsi sul turismo, settore che oggi esercita un particolare richiamo sulle Valli valdesi. In questo ambito va intanto rilevato un fattore caratteristico, quello cioè costituito di per sé dalla peculiarità di ambiente storico, originario del Valdismo; esso richiama un flusso costante di visitatori, sia italiani, sia stranieri. Fra questi si notano in special modo i gruppi provenienti dalla Germania, ma anche dalla Svizzera, dalla Francia, dall'Olanda e dagli Stati Uniti. Vi è inoltre l'afflusso determinato dall'annuale convocazione del Sinodo valdese, e da convegni storici o di vario genere, in particolare a Torre Pellice e a Prali (Agàpe).

Accanto a questo richiamo di carattere culturale, quelli costituiti dagli sport invernali, dal soggiorno e dall'escursionismo estivo hanno avuto un positivo sviluppo, con l'effetto di contrapporsi in qualche misura allo spopolamento delle alte valli.

L'area che ha sostanzialmente beneficiato delle possibilità offerte dagli sport invernali è la conca di Prali, dotata a questo scopo di idonee infrastrutture. Nove piste per la discesa sono state tracciate sui pendii che scendono verso Prali dalla zona del Cappello d'Envie, dotati di sette impianti di risalita (5 seggiovie e 2 sciovie). Sul fondovalle è stata tracciata una pista per lo sci di fondo che si sviluppa lungo un anello di 5 km. Funziona inoltre una scuola di sci e vi è a Ghigo un campo di pattinaggio. Un tentativo di analogo sviluppo è stato fatto in anni passati con l'installazione di una cestovia fra la zona sovrastante Torre Pellice e la Sea, ma la scarsa idoneità naturale della zona ha determinato l'insuccesso dell'iniziativa e la fermata dell'impianto. La possibilità di raggiungere in automobile il colle della Vaccera, fra Angrogna e Pramollo, ha invece suggerito a un gruppo locale di tracciare in questa zona una pista per lo sci di fondo, cui dovrebbe aggiungersi anche una pista di discesa con relativo impianto di risalita.

Nella stagione estiva si può dire che non vi sia zona delle Valli valdesi che non offra notevoli

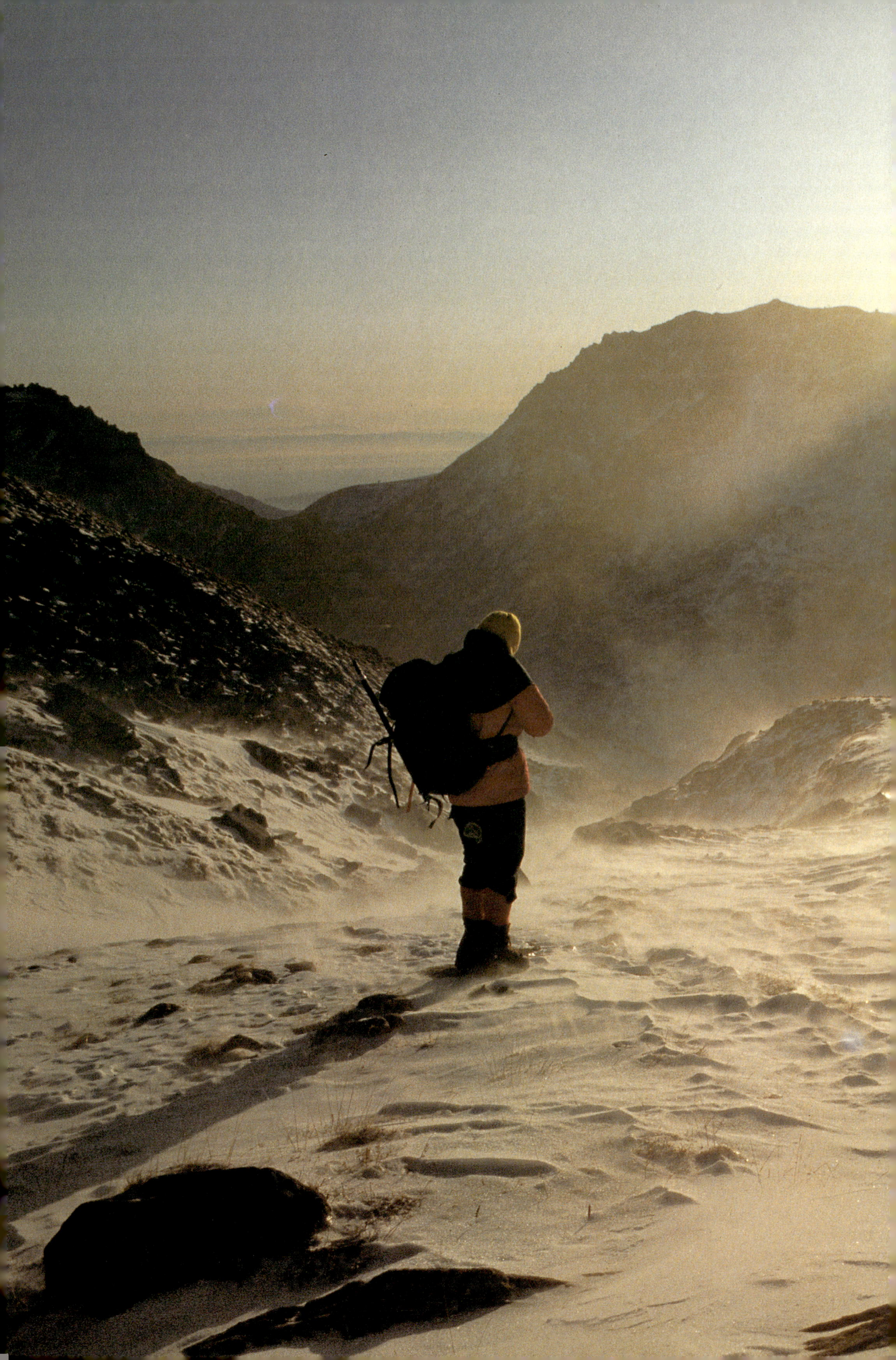

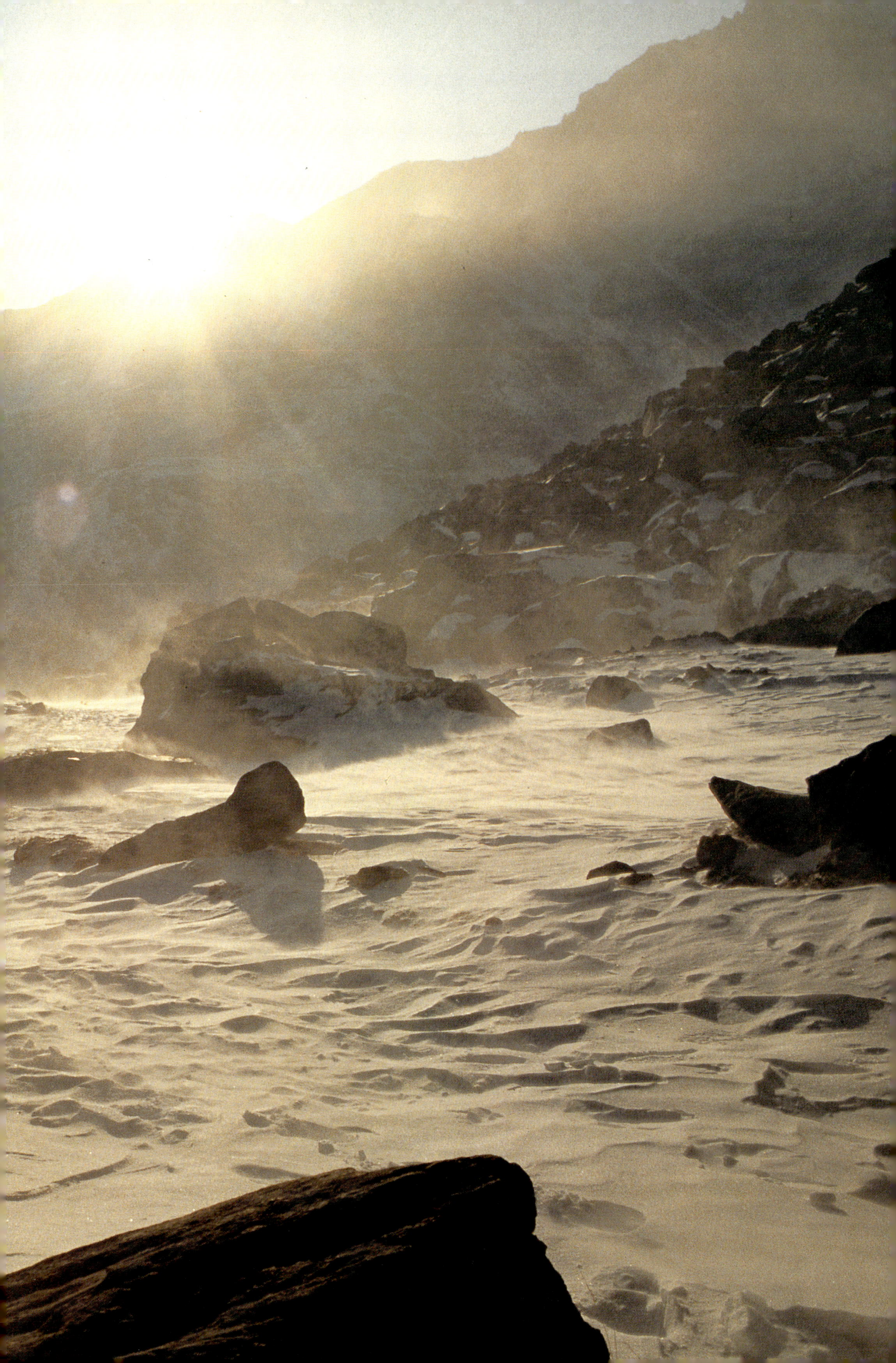

attrattive escursionistiche per gli amatori della montagna. Le guide attualmente pubblicate descrivono circa un centinaio di possibili itinerari, che vanno da quelli più agevolmente escursionistici a quelli alpinistici più difficoltosi. Anche qui vi sono delle strutture di supporto costituite dai rifugi. Nella Val Pellice il più importante è, nella conca del Prà, il Rifugio "Willy Jervis", da cui si raggiunge più in alto il Rifugio "Battaglione M. Granero"; nella conca del Pis della Gianna, in cui si apre la Comba dei Carbonieri, il Rifugio "Barbara Lowrie"; ad essi si aggiunge, sul Col Boucie, il Bivacco Soardi. Nella Val Germanasca a Prali, ad alta quota, vi è il Rifugio "Lago Verde"; nel vallone di Massello è attrezzata a rifugio la Bergeria Vallon Crô, e nella località Miande Parant (Perrero) il rifugio "Parant" o "Baite Menusan".

A titolo di esemplificazione citiamo qui alcune delle escursioni più frequentate che consentono maggiore godimento delle bellezze naturali e paesistiche. Ricorderemo, nella Val Pellice, quella al Col d'la Gianna (dalle grange della Gianna); al Colle della Croce e al Colle Seillere (dal Prà); ad Abries passando per il Colle dell'Urina (dal Prà); la traversata da Villanova a Prali per il Col delle Faure e il Col Giuliano. Nella Val Germanasca, a Prali, la traversata dei Tredici Laghi fino al Lago Verde (partendo dalla seggiovia, per il Colletto della Gran Gulia). A Massello, dalla Balsi-

50. *Rifugio Willy Jervis*

glia, in mezzo alla più ricca flora delle Valli, al Colle di Ghinivert, a quelli del Pis, del Beth, dell'Albergian. Nel vallone di Faetto, con un mezzo adatto dalla provinciale di fondovalle dopo i Trossieri, per la strada ex militare si può raggiungere la Conca Cialancia, partendo di qui per escursioni verso il passo e la punta Cialancia e verso il Colle del Roux. Nell'alto Vallone di Pramollo lo stesso gruppo d'iniziativa che abbiamo menzionato per lo sviluppo di sport invernali nella zona della Vaccera organizza anche gite estive, fra l'altro a Giardino Rostania, di cui si parlerà a proposito di questa zona. La Comunità montana Valli Chisone e Germanasca cura la manutenzione di dieci itinerari e la distribuzione delle relative guide.

Le Valli valdesi sono inoltre percorribili seguendo gli itinerari della Grande Traversata delle Alpi. Posti tappa G.T.A. sono nella Val Pellice, a Villanova (comune di Bobbio Pellice), a Valanza (comune di Rorà), a Torre Pellice (presso la Foresteria Valdese), alla Vaccera (comune di Angrogna); nella Val Germanasca, a Ghigo (comune di Prali), a Villa di Rodoretto, alla Balsiglia (comune di Massello), a Perrero.

Una popolare manifestazione sportiva è il "Trofeo 3 Rifugi", marcia alpina competitiva a coppie, che dal 1972 (a cura del C.A.I. - U.G.E.T.) si svolge a luglio, con partenza e arrivo al

51. *Rifugio Battaglione Monte Granero*

rifugio "W. Jervis", passando per i rifugi "Barbara L." e "Batt. Alpini Monte Granero".

Ma non è solo il richiamo dello sport o dell'alpinismo, oppure il richiamo di visite storiche o di convegni, a convogliare il turismo nelle Valli valdesi. Sono in molti ad apprezzare i benefici del soggiorno nelle località di montagna o di mezza montagna, specialmente nel periodo estivo. Anche a tal fine l'attrezzatura alberghiera si può oggi considerare adeguatamente sviluppata. A Torre Pellice oltre al famoso Hotel Gilly (1ª cat.), di recente e moderna costruzione, sede di mostre e convegni, vi sono due esercizi di 3ª cat., due di 4ª, e uno della categoria inferiore. Per chi ama invece un contatto più diretto con la natura, Torre Pellice offre due campeggi molto attrezzati. Un campeggio e tre alberghi anche a Villar Pellice, quattro alberghi a Bobbio Pellice, tre a Luserna San Giovanni, uno a Rorà, sul colle di Pian Prà; una locanda, e un soggiorno alpino per la gioventù ad Angrogna.

Nella Val Chisone (versante di destra), a Prarostino, Inverso Pinasca, San Germano, e Pramollo si trovano alberghi e locande di diverse categorie, mentre nella Val Germanasca, Pomaretto e Prali offrono complessivamente cinque alberghi e un campeggio, in regione Pomieri.

All'orientamento delle esigenze turistiche e in particolare anche alla ricerca di locali da affittare (molto richiesti) contribuiscono le organizzazioni "pro-loco", presenti in Val Pellice a Luserna San Giovanni, Torre Pellice, Villar Pellice, Bobbio Pellice, Rorà; in Val Chisone (versante di destra) a Prarostino, San Germano Chisone e Pramollo; in Val Germanasca a Pomaretto, Perrero e Prali.

Quali possono essere le ulteriori prospettive per lo sviluppo del turismo nelle Valli valdesi? Un tema dibattuto da moltissimi anni, che periodicamente è parso sul punto di essere impostato e risolto, riguarda l'apertura di un traforo sotto il Colle della Croce, che consentirebbe il transito automobilistico fra l'Italia e la Francia. Da vari anni non si è più parlato in senso operativo di questo progetto, che d'altra parte si giustificherebbe economicamente a condizione di prevedere il traffico pesante, che — come si è sperimentato in vallate alpine di dimensioni ben più vaste rispetto alla Val Pellice — comporta notevoli problemi sul piano ecologico e paesistico. Un progetto assai diverso è stato discusso recentemente da tecnici ed amministratori: quello di inserire l'alta Val Pellice in un sistema di sviluppo turistico della contigua zona del Queyras, mediante l'installazione di una "ovovia" fra Bobbio e il colle dell'Urina. Ciò comporterebbe il supporto di consistenti opere stradali da parte italiana. È comunque previsto che venga migliorato l'accesso viario alle alte valli.

L'avvenire ci dirà se queste prospettive siano destinate a concreti sviluppi, mentre per ora sembrano più probabili limitate realizzazioni locali di impianti sportivi invernali ed estivi e di complessi residenziali. Ma certamente coloro a cui sta a cuore l'identità ambientale, umana e storica delle Valli valdesi si augurano in primo luogo che il moderno sviluppo turistico, certamente vitale per evitare i rischi dello spopolamento, non sia tale da stravolgere e cancellare i caratteri propri e originali della regione.

52. Rifugio Barbara Lowrie

53. Escursione al Colle della Croce

6. L'"HABITAT": CITTADINE, PAESI E VILLAGGI

Dopo avere in precedenza fornito una descrizione complessiva delle Valli valdesi, vogliamo qui fare cenno alle singole unità abitative e demografiche, cenno sintetico, che non ha lo scopo di sostituire le "guide" e le analoghe pubblicazioni esistenti, bensì d'introdurre e inquadrare l'odierna realtà valdese, e di indicare i più significativi luoghi storici del passato.

In Val Pellice, *Luserna San Giovanni* (m. 474; ab. 7.942 rilevati nel 1984), comune costituito nel 1871 con la riunione dei due antichi borghi, è oggi il più popoloso della zona, anche per effetto della recente ripresa dello sviluppo industriale. Luserna fu sede a lungo dell'omonima famiglia dei signori della valle e, nel periodo in cui Pinerolo venne occupata dai francesi, la sostituì come capitale di provincia. Nella vicina Lusernetta l'antica cappella cattolica del cimitero è decorata da affreschi quattrocenteschi, tra cui significativo quello che presenta S. Bernardino da Siena (1380-1411 c.a.) in atto di predicare mostrando l'ostia ai fedeli tanto da far pensare a una sua missione intesa a convertire i Valdesi. La parte moderna della cittadina si concentra ora principalmente nel nuovo abitato degli Airali, mentre sono numerose nella zona collinare, specialmente di San Giovanni, le ville e le seconde case. A lungo vi fu vietata la costruzione di un tempio valdese, che poté sorgere solo in epoca napoleonica; i Valdesi del luogo dovevano prima d'allora recarsi per il loro culto nel tempio del *Ciabàs*, edificato nel 1555 ca. sul limitare del territorio di Angrogna. Esso ospita fra l'altro la tomba del barone Leutrum (1692-1755), generale tedesco al servizio dei Savoia.

Ad *Angrogna* (m. 782; ab. 812), il territorio comunale coincide con l'omonima valle. Un tempo popolosa, al punto di essere suddivisa in tre parrocchie valdesi, è formata da varie frazioni, di cui S. Lorenzo è sede comunale; qui pure sorge il tempio valdese, edificato per primo in ordine di tempo nelle Valli (1555); altri due templi sono al Serre e a Pra del Torno. Nella medesima località di *Pra del Torno*, centro difensivo nel periodo delle lotte valdesi, un antico edificio è tradizionalmente indicato come la Scuola dei "Barba", cioè dei ministri di culto, così chiamati in epoca medievale e ancora agli inizi dell'età moderna.

A *Chanforan* un monumento ricorda il Sinodo del 1532 in cui i Valdesi decisero di aderire alla Riforma protestante. La *Gheisa d'la tana* è un'alta spelonca naturale nascosta fra i boschi, dove si racconta che essi si nascondessero per praticare il loro culto in tempi di persecuzione.

Attualmente Angrogna si è sviluppata come località residenziale con numerose recenti costruzioni per vacanze, facilmente raggiungibili per lo sviluppo della rete stradale che consente di giungere fino al colle della Vaccera.

Torre Pellice (m. 516; ab. 4539) è sede del Sinodo, assemblea di pastori e laici che si riunisce annualmente per assumere le decisioni che gli spettano come organo dirigente della Chiesa valdese. Questo ha fatto sì che la cittadina venisse un po' enfaticamente definita come "la Ginevra italiana" per l'accentramento in essa di varie istituzioni culturali e assistenziali, di cui si riparlerà in seguito. Più in alto del centro abitato, nella frazione *Coppieri*, sorge l'antico tempio costruito nel 1555 e che, come gli altri di quell'epoca, fu più volte distrutto e ricostruito. Oggi il luogo principale di culto è il tempio eretto a valle nel 1852, per opera del benefattore inglese dei Valdesi di quell'epoca, il generale Beckwith. Accanto al tempio e al relativo presbiterio è stata costruita nel 1889 la *Casa valdese*; in essa vi è l'aula destinata alle assemblee sinodali ed i locali destinati, nel periodo estivo, al funzionamento della *Tavola* (organismo esecutivo nominato annualmente dal Sinodo), all'Archivio della Tavola, e per ora almeno, alla *Biblioteca* del Collegio. Nello stesso sito è stato inaugurato nel 1926 un monumento (su bozzetto di D. Calandra) al pastore-condottiero

54. *Ingresso al tempio del Serre di Angrogna*   55. *Lapide all'ingresso della Gheisa d'la Tana*

Enrico Arnaud, mentre nei pressi della stazione ferroviaria un busto, opera di L. Bistolfi, onora E. De Amicis, che ai Valdesi dedicò pagine affettuose e interessanti nel suo *Alle porte d'Italia* (1888).

Da ricordare anche il bel monumento dell'Alpino, opera del Calderini (1925) nel Viale della Rimembranza.

Non senza correlazione con le caratteristiche fin qui illustrate, Torre Pellice è anche sede di varie istituzioni cattoliche di rilievo e di una chiesa di belle proporzioni dedicata a San Martino, inaugurata nel 1844 dallo stesso re Carlo Alberto, quale gran maestro dell'Ordine Mauriziano.

La sua visita è ricordata dalla fontana che venne edificata nel 1845 davanti alla chiesa, con la dedica "il Re Carlo Alberto al popolo che l'accoglieva con tanto affetto".

In fatto di vestigia storiche non si può omettere la menzione delle più antiche, cioè dei pochi ruderi del Forte di Santa Maria di Torre Pellice, più volte distrutto e ricostruito nel corso dei conflitti fra i Savoia e la Francia.

Torre Pellice, sul piano dell'amministrazione civile, è sede della Comunità montana Valpellice e dei connessi organismi. In passato centro tessile e del relativo indotto, dopo la crisi e la chiu-

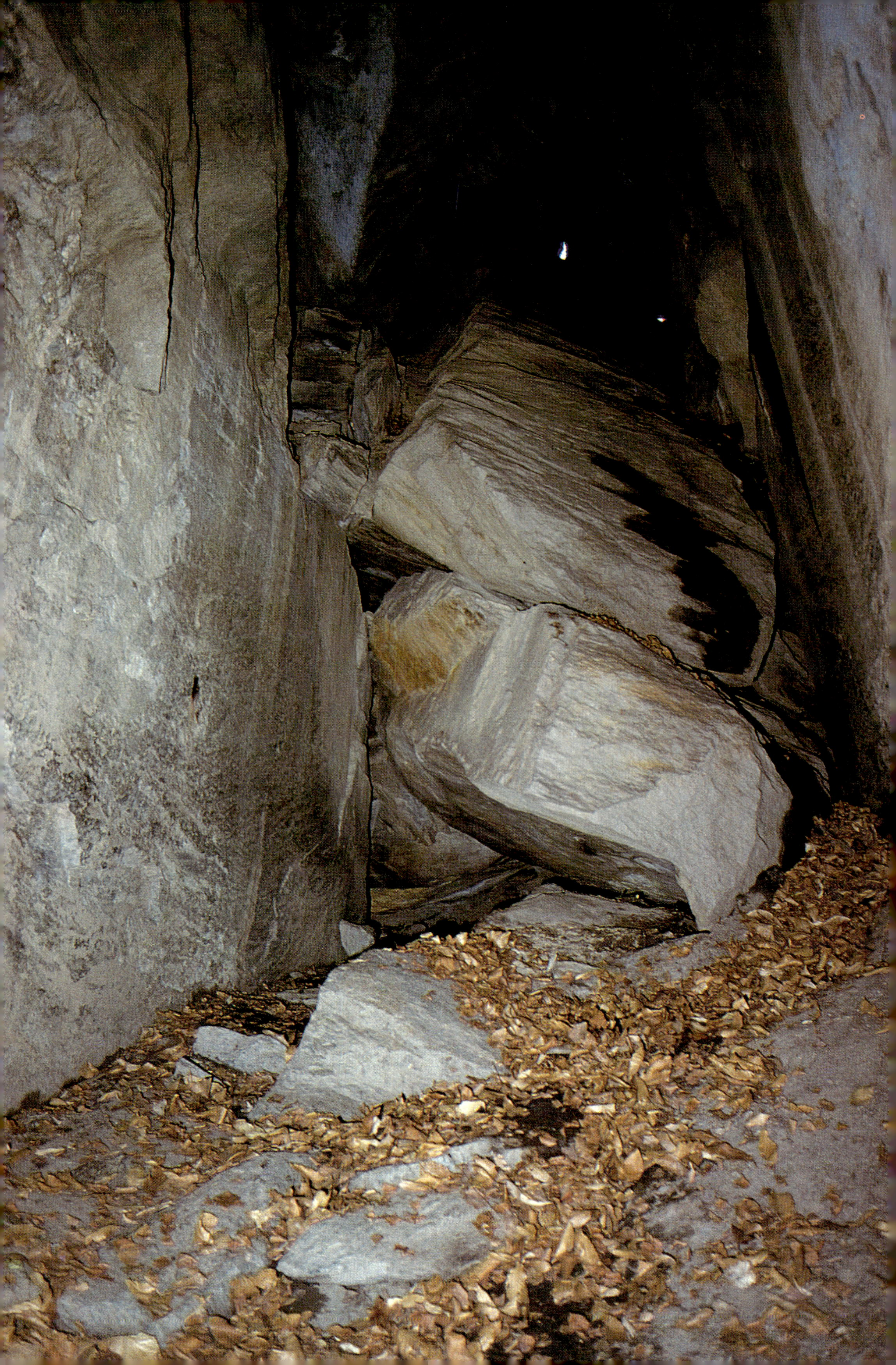

56. *Interno della Gheisa d'la Tana*

sura degli stabilimenti Mazzonis la cittadina fa conto soprattutto sul suo elegante sviluppo residenziale e turistico-alberghiero.

Villar Pellice (m. 664; ab. 1264), oltre ad avvantaggiarsi della coesistenza dell'attività agricola con quella industriale del feltrificio Crumière, è centro di soggiorno estivo grazie anche alla discreta attrezzatura alberghiera.

Bobbio Pellice (m. 732; ab. 647), fra i centri più frequentati della valle per il soggiorno estivo, anche in quanto favorevole punto di partenza per escursioni nell'alta valle, vanta alcuni ricordi del passato: nell'alta valle, i resti dal forte di Mirabouc, costruito da Emanuele Filiberto nel 1570 e distrutto dai Francesi nel 1794; a monte del paese, presso la diga detta impropriamente di Cromwell, costruita a protezione dell'abitato — comunque grazie a collette inglesi e olandesi — all'inizio del '700; il monumento eretto a Sibaud per ricordare il rimpatrio dei Valdesi.

Rorà (m. 952; ab. 264) è il comune più alto della valle alle spalle di Luserna, da cui si può raggiungere in breve, su carrozzabile, la bella dorsale di Pian Prà, con magnifico colpo d'occhio sulla sottostante Val Pellice. La casa dell'eroe valdese Giosuè Gianavello, opportunamente restaurata, è meta di visite storiche, così come il piccolo museo comunale.

Passando nella Val Chisone, la prima località che si incontra è *Prarostino* (m. 738; ab. 943), costituito da alcune frazioni e fra queste San Bartolomeo, sede degli uffici comunali. La prima costruzione di un tempio valdese risale al 1698, e avvenne senza il permesso del sovrano; ma una sanatoria emanata da Vittorio Amedeo II nel 1730 ne consentì la conservazione, con l'obbligo però al pastore di risiedere a Roccapiatta. Fra le attività agricole il vigneto e la produzione di frutta ha sempre avuto particolare importanza. La vicinanza con Pinerolo ne fa luogo di residenza suburbana per persone che vi lavorano. Nel vicino e sottostante comune di *San Secondo*, che non fa parte delle terre in cui ai tempi del "ghetto" era consentito ai valdesi risiedere (e a cui Prarostino venne aggregato dal 1928 al 1959), accanto alla parrocchia è stato oggi costruito un nuovo tempio, motivato dalla presenza di numerosi Valdesi nel centro.

Il comune di *San Germano* (m. 486; ab. 1745) include anche il territorio dell'antico centro di Inverso Porte, con le sue numerose frazioni, fra le quali la principale è Turina.

Qui si possono vedere i resti di un antico fortino, distrutto a fine '600. Le sorti economiche del paese sono state a lungo legate a quelle del cotonificio, impiantato nel 1862, che con la gestione della famiglia Widemann giunse al suo massimo sviluppo negli anni '50, poi gradualmente entrò in crisi e fu chiuso nel 1979.

Inoltre dalla fine dell'800 ha avuto una certa importanza lo sfruttamento delle miniere di grafite, ora ridotte a modeste proporzioni per l'esaurimento dei giacimenti più accessibili. Una interessante iniziativa sviluppata dall'inizio del secolo è stata la creazione in località Pragiassaud (m. 1240) del giardino botanico *Rostania*, sopravvissuto ad alterne vicende. L'agricoltura e l'allevamento, un tempo floridi, sono ora ridotti a modeste proporzioni. Uno fra i maggiori scrittori italiani di questo secolo, *Piero Jahier*, ha ricordato nella sua opera più volte questo paese, luogo d'origine della sua famiglia e testimone di felici momenti dell'infanzia, ora custode delle sue spoglie.

Il comune di *Pramollo* (m. 1124; ab. 340), dopo essere stato aggregato nel 1928 a S. Germano, ha riacquistato la propria autonomia nel 1954.

Fra le varie frazioni che lo costituiscono, la Lussie ospita gli uffici comunali e la Ruata il tempio valdese. La popolazione si divide fra l'attività agricola e quella nelle industrie del Pinerolese. È luogo gradito di soggiorno estivo.

A *Villar Perosa*, che, come già si è detto, è attualmente il principale centro industriale della

57. *Tempio dei Coppieri*

58. Tempio di Torre Pellice edificato nel 1852

59. Ospedale valdese di Torre Pellice

60. *Fontana donata nel 1845 da re Carlo Alberto*

61. Rorà, l'abitato

valle, esterno ai limiti del "ghetto" valdese perché sulla sinistra del Chisone, l'insediamento di abitanti provenienti da altri comuni ha suggerito recentemente la costituzione di una parrocchia e di un tempio valdese. Della parrocchia fanno parte anche i Valdesi di *Inverso Pinasca* (m. 550; ab. 649), la cui sede comunale (il distacco da Pinasca è avvenuto nel 1947 dopo l'aggregazione nel 1928) è costituita dalla frazione di Fleccia. Anche qui la grande maggioranza della popolazione attiva lavora nell'industria.

Le sorti del paese di *Pomaretto* (m. 627; ab. 1202) sono strettamente collegate a quelle di *Perosa Argentina* (con cui fu aggregato in un unico comune dal 1927 al 1954) e ciò particolarmente per le attività industriali di cui abbiamo parlato in precedenza. Le condizioni climatiche e di comunicazione relativamente favorevoli e la presenza di un ospedale valdese ne favoriscono il carattere residenziale. Sull'economia locale hanno inoltre avuto notevole influsso le vicende dell'agricoltura e soprattutto della viticoltura.

L'ampia area del comune di *Perrero* (m. 844; ab. 1018) risulta dall'accorpamento degli antichi comuni di Riclaretto, Faetto, Maniglia, Chiabrano, Traverse, San Martino e Bovile effettuato nel

62. Interno del museo di Rorà

1928 e mantenuto nel dopoguerra, a differenza degli altri accorpamenti di cui abbiamo accennato in precedenza. Perrero ha avuto vicende storiche sue proprie di notevole interesse. Possesso nel medioevo, come altre parti della valle, del monastero di Santa Maria di Pinerolo, fu poi infeudata ai signori di San Martino in seguito acquisita dagli Acaia e infine dai Savoia.

Durante la guerra di successione di Spagna dal 1704 al 1708, per imposizione dei Francesi che occupavano la zona, fu capitale di un'effimera repubblica che comprendeva la Val Germanasca e Inverso Pinasca, favorita da alcune franchigie fra cui il basso prezzo del sale, tanto da essere chiamata scherzosamente "Repubblica del sale". Vi sorgono vari templi valdesi; oltre che a Perrero, anche a Maniglia, ai Chiotti inferiori, a Villasecca e a Comba Garino nel vallone di Riclaretto; l'accentuato spopolamento della zona ha fatto sì che le antiche parrocchie siano state riunite in una sola. A parte le modeste risorse agricole, l'economia si basa sulle miniere di talco, su alcuni modesti impianti idroelettrici, sui servizi e sulla presenza di villeggianti.

Quasi totale ormai anche lo spopolamento dei comuni di *Salza di Pinerolo* (m. 1245; ab. 89) e di *Massello* (m. 1188; ab. 108), già riuniti dal 1928 al 1947 in un solo comune. La popolazione valdese era un tempo numerosa a Massello e lo testimonia la presenza di un tempio oggi sede di

63. *Tempio di S. Secondo*

un museo storico. Anche qui all'abbandono dell'agricoltura e alla diminuita attività mineraria supplisce in qualche misura l'afflusso estivo di villeggianti.

Prali (m. 1455; ab. 396), sempre per le ragioni suddette, ha continuato a registrare un calo della popolazione residente, ma il notevole incremento del turismo, determinato dallo sviluppo degli impianti sciistici e delle strutture alberghiere, ha portato alla costruzione (specialmente a Ghigo) di numerosi condomini, favorendo così anche la villeggiatura estiva.

Inoltre, negli anni del secondo dopoguerra, è sorto in località soprastante l'abitato di Ghigo il villaggio di *Agàpe*, centro d'incontri giovanili e di convegni internazionali d'ispirazione protestante, che ha contribuito all'animazione della località e alla sua notorietà anche all'estero.

L'antico tempio di Prali, costruito nel 1556, è diventato sede del Museo di Prali e della Val Germanasca, mentre al culto è stato dedicato un nuovo tempio, costruito sempre a Ghigo.

Il territorio del Comune di Prali comprende anche il vicino comune di *Rodoretto*.

Esso costituisce ancora una parrocchia valdese a sé stante, col relativo tempio, affidata però al pastore di Prali. Anche qui è stato allestito, in un antico locale scolastico, un piccolo museo.

64. *Tempio in località Ruata di Pramollo*

65. *Tempio di Rodoretto*

66. *Tempio di Ghigo di Prali*

7. I VALDESI NELLE VALLI DI OGGI. ISTITUZIONI ASSISTENZIALI E CULTURALI

A completamento di quanto si è detto sull'*habitat* odierno delle antiche Valli valdesi, occorre aggiungere che nell'organizzazione ecclesiastica, del "distretto" che le comprende, fanno parte anche la comunità di *Pinerolo*, città in cui dopo l'editto di tolleranza del 1848 i Valdesi si stabilirono numerosi, edificandovi un loro tempio nel 1860 e la comunità recentemente costituita a *Piossasco*. Ciò collima con quanto si è detto sullo spopolamento delle alte valli, e disegna le caratteristiche di uno scivolamento degli insediamenti umani, determinato dai fattori economici. Poiché nel frattempo anche la realtà demografica e socio-culturale del Piemonte e del suo capoluogo si sono straordinariamente evolute, non stupisce che oggi, nelle immediate vicinanze di quell'antica realtà che abbiamo cercato di delineare nei suoi termini materiali, la domanda "Chi sono i Valdesi?", si proponga, malgrado la pur frequente attenzione dei *mass-media* a questa minoranza.

Nel capitolo seguente si cercherà di rispondere in termini storico-ideologici, sia a questa domanda sia all'interrogativo conseguente: "Come mai questa *minoranza* stenta a trasformarsi in una *componente* della società in cui è inserita?". Tale sintetica indagine dovrebbe infatti manifestare le ragioni di tensioni, interne al mondo valdese, fra due opposte volontà: quella di diventare "componente" della circostante società, e quella di serbare l'identità di "minoranza" sopravvissuta a secoli di lotte.

Tale tensione potrà essere intuita anche da quanto diremo ora sinteticamente sulla realtà umana e socioculturale dei Valdesi nelle loro Valli.

Va intanto osservato che un elemento un tempo fondamentale di identità era costituita dal linguaggio. Esso si articolava nell'uso del *patois*, dialetto franco-provenzale abbastanza differenziato da un luogo all'altro, ma simile nei lineamenti essenziali a quello delle popolazioni "occitane" di qua (vallate cuneesi) e di là delle Alpi (nelle corrispondenti zone della Francia sud-orientale). Ad esso la scolarizzazione e la comunicazione sociale sovrapponeva la familiarità col francese prima ancora che con l'italiano.

All'inizio di questo secolo, la statizzazione dell'insegnamento elementare, poi la precisa volontà politica del regime fascista di imporre l'uso dell'italiano per nazionalizzare le minoranze, infine il travolgente processo di modernizzazione della nostra epoca, hanno ridotto a poca cosa questi elementi d'identità culturale. Si deve inoltre osservare che un altro elemento di evasione dal patois occitano è costituito dall'infiltrazione in esso del dialetto piemontese usato in pianura.

La Chiesa valdese come tale (attualmente federata in una sola organizzazione con le chiese metodiste), non ha certo fra i propri fini la preservazione di tale identità e, se mai, nella accennata tensione fra apertura e chiusura alla circostante società, opera nel primo senso. Ciò non toglie che le sue attività istituzionali possano di fatto produrre conseguenze che vanno nel secondo senso.

Attività istituzionali propriamente dette sono i culti, l'istruzione religiosa dei fanciulli, il catechismo, l'animazione di gruppi giovanili, di corali, di attività dedicate alle donne e agli anziani, di gruppi d'impegno esterno (relazioni ecumeniche; obiezione di coscienza; pace e disarmo; intervento su problemi sociali come la tossicodipendenza; lotta contro il razzismo ecc.). Ovviamente si riflette su tutte le comunità l'attività di formazione dei pastori, esercitata dalla Facoltà di Teologia di Roma.

Vi sono poi attività mediate da organismi assistenziali e culturali aventi una propria autonoma consistenza organizzativa.

Ospiti del Foyer del Serre di Angrogna

Gli istituti assistenziali esistenti nelle Valli sono in gran parte raggruppati dalla Commissione Istituti Ospitalieri Valdesi (C.I.O.V.) con sede a Torre Pellice.

Fra le attività sociali, importanti sono i due Ospedali valdesi, inseriti nella pubblica organizzazione della Sanità: quello di Torre Pellice e quello di Pomaretto (entrambi recentemente ristrutturati). Compiti pure essenziali hanno gli istituti per anziani: l'"Asilo valdese" a San Giovanni di moderna ed efficiente funzionalità; il Rifugio Re Carlo Alberto, da poco ristrutturato, pure a San Giovanni; l'Asilo valdese per vecchi (in corso di ristrutturazione) a San Germano; la Casa valdese delle Diaconesse a Torre Pellice; la Casa di riposo "Villa Olanda" a San Giovanni, la Casa per anziani "Miramonti" a Villar Pellice, il "Fojer" per anziani al Serre di Angrogna.

Compiti di ospitalità nei confronti dei numerosi visitatori italiani e stranieri hanno la Foresteria valdese di Torre Pellice, la Foresteria valdese di Villar Perosa, la Foresteria valdese "La Rocciaglia" di Pra del Torno (Angrogna), la "Ca' d'la Pais" ("Casa della pace") antica base partigiana, al Bagnôn (Angrogna), e la citata casa di Gianavello ("La Gianavella") a Rorà.

Quanto alle attività culturali, va premesso che sin da tempi assai lontani, in qualche misura forse sin da quando i Valdesi costituirono in forma regolare le loro chiese, nel tardo '500, c'è stata grande attenzione ai problemi dell'istruzione. Al '600 e ancor più al '700 risalgono vari documenti sul funzionamento del loro sistema scolastico; a livello elementare, ogni comunità faceva funziona-

70. *L'antico "Collegio", oggi Liceo classico linguistico valdese, a Torre Pellice*

71. *Bibbia conservata nella scuola museo degli Odin-Bertot ad Angrogna*

re due, tre o più "scuole piccole", o di quartiere, oltre ad una "scuola grande", cui accedevano i ragazzi con più di dieci anni. Questo sistema venne poi riqualificato tra il 1830 e il 1840 per opera di un benefattore dei Valdesi, il generale Beckwith, che fece costruire o riattare un gran numero di piccoli edifici scolastici, in modo che nessun villaggio ne fosse sprovvisto.

Al principio del nostro secolo il compito dell'istruzione elementare venne assunto dalla scuola primaria pubblica, ma ancor oggi gli edifici delle antiche scuolette valdesi, adibite a usi ecclesiastici, o a museo, testimoniano questa realtà del passato.

Per l'istruzione media superiore vi era già nel '600 una cosiddetta "Scuola generale", in cui si preparavano i maestri elementari e iniziavano la loro formazione i pastori. All'inizio del '700 assunse la denominazione di "Scuola latina" ed ebbe sede alternativamente in Val Pellice e in Val Germanasca, finché, dopo l'installazione del Collegio valdese a Torre Pellice, ebbe sede definitiva a Pomaretto dove è rimasta in funzione fino al 1986. Nel secolo scorso vennero pure attivate a Torre Pellice una scuola media superiore femminile detta "Pensionato" e una Scuola normale per la formazione degli insegnanti, che rimasero attive per alcuni decenni.

Istituzione di grande importanza per la formazione media e superiore dei giovani valdesi, creata intorno al 1830 per iniziativa di W. S. Gilly, è il Collegio valdese. Per tutto il periodo risorgimentale fu centro di formazione dei pastori e degli intellettuali valdesi; attualmente è sede del Liceo Ginnasio pareggiato valdese e del Liceo linguistico "Collegio valdese". Va segnalata inoltre a Torre Pellice una Comunità alloggio per giovani con problemi socio-familiari, mentre il Convitto per minori "l'Uliveto" di San Giovanni è particolarmente impegnato nella formazione degli handicappati.

Aveva sede un tempo a Torre Pellice la Casa editrice Claudiana, ora a Torino, con una vivace attività editoriale apprezzata a livello nazionale (a Torre Pellice, nel connesso ramo della distribuzione, esiste una Libreria Claudiana). Pure a Torre Pellice si stampa il settimanale "L'Eco delle Valli Valdesi"/ "La Luce".

Abbiamo già menzionato la speciale attività del centro Agàpe di Prali, che rappresenta un mezzo importante di contatto sia col mondo protestante internazionale, sia con gli strati più impegnati degli intellettuali italiani.

La Società di Studi valdesi, nata nel 1881, svolge un'attività di rilievo sia per lo sviluppo degli studi storici sulla Riforma (cui sono dedicati annuali convegni, frequentati da storici di chiara fama) sia per l'esercizio del proprio archivio, della propria biblioteca storica e del Museo storico valdese di Torre Pellice, che documenta non solo temi propriamente storici, ma anche etnografici e folcloristici di grande interesse. La sede della Società (quindi anche dell'archivio della biblioteca e specialmente del Museo, completamente riordinato e adeguato alle moderne tecniche espositive) oltre alla menzionata Biblioteca della Casa Valdese, è destinata nel 1989 (tricentenario del Rimpatrio dall'esilio) a confluire in un Centro culturale in apposito edificio.

Con caratteristiche autonome, ma con l'assistenza della Società di Studi valdesi, sono stati istituiti man mano in anni recenti sette piccoli musei locali: il museo-scuola degli Odin-Bertot ad Angrogna, il museo di Rorà, quello di San Germano, quello del Pramollo, il museo storico della Balsiglia a Massello, il museo di Rodoretto, e il museo di Prali e della Val Germanasca. La Società di studi valdesi, inoltre, pubblica semestralmente un proprio "Bollettino", con ricerche scientifiche sia di portata locale sia di più largo interesse sui movimenti religiosi in Italia e in Europa e pubblica da poco un altro periodico più specificamente locale, "La Beidana", oltre a volumi e opuscoli inerenti la propria tematica.

CAPITOLO SECONDO — LA STORIA

1. PREMESSA

Per molto tempo fu diffusa fra i Valdesi, la leggenda delle loro antichissime origini. Si pensava che nell'epoca dell'imperatore Costantino, un gruppo di fedeli, desiderosi di conservare la semplicità dei tempi apostolici, si fosse rifugiato nelle impervie vallate alpine. In tal modo, isolandosi dal resto della cristianità, questo "piccolo gregge" si sarebbe tenuto nascosto, trovando direttamente nella Bibbia le norme per la propria fede e per la propria condotta.

In realtà, solo nel tardo medioevo alcune valli del Pinerolese cominciarono ad essere popolate di Valdesi, ma degli antichi abitatori sappiamo ben poco. In varie località le incisioni rupestri, i fori a coppella, ecc., indicano la presenza dell'uomo sin dalle età preistoriche. Per quanto riguarda la Val Pellice, in epoca preromana essa fu abitata dai Vibelli o Vioelli, una tribù di celto-liguri i quali pare, ebbero come capitale Bibiana (*Forum Vibii*).

Una traccia di questa popolazione sarebbe rimasta nel nome dei corsi d'acqua denominati col suffisso celtico *ogna*, che indica "acqua corrente" (ad esempio Angrogna). Al tempo di Augusto questa tribù faceva parte del regno di Cozio, che dalla capitale Susa si estendeva su diverse popolazioni di quella parte delle Alpi che da lui si chiamarono poi Cozie. Il figlio di questo re, Cozio junior, e i suoi sudditi al tempo di Claudio furono riconfermati nella loro semi-indipendenza, poi all'epoca di Nerone il piccolo regno fu aggregato all'impero romano.

Di quello che accadde a queste popolazioni nei secoli più oscuri del medioevo, si sa ancor meno. Si dice che nei primi decenni del 900, i Saraceni, che erano sbarcati sulle coste della Provenza ove avevano stabilito delle basi, invasero anche queste valli e le mantennero per qualche tempo sotto il loro dominio; solo pochi anni prima dell'anno mille vennero ricacciati dal Piemonte. Anche di questa vicenda ci sarebbero tracce nella toponomastica. Vicino a Bobbio Pellice, ad esempio, due località fanno pensare all'occupazione musulmana: *Sarzenà*, che richiama il termine "saraceno", e *Payant*, che significherebbe "pagano". Inoltre il nome, davvero piuttosto strano, del monte *Vandalino* sopra Torre Pellice, è stato spiegato da qualcuno come effetto di una confusione fra i nuovi vandali, quali apparivano gli invasori arabi, e gli antichi barbari loro predecessori.

Dopo il ritiro degli invasori saraceni il compito dell'organizzazione religiosa, civile ed economica di questi paesi alpini venne spesso affidato a fondazioni monastiche, e infatti vari documenti antichi attestano i diritti di queste abbazie su terreni e borghi delle valli del Pinerolese. Successivamente (nel XII secolo) sorse anche una piccola feudalità locale: la famiglia feudale più importante fu quella dei Conti di Luserna, i cui vari rami dominavano nel complesso la Val Pellice.

72. Coppelle in località Bò del Tourn

73. Incisione rupestre conservata al museo di Prali

2. LE ORIGINI DEL MOVIMENTO VALDESE

In realtà l'ambiente delle Alpi Cozie, destinato in seguito ad essere strettamente associato alle vicende del movimento valdese, non fu il teatro delle sue prime origini. Queste ebbero invece uno sfondo cittadino e mercantile, in un territorio al di là delle Alpi, che nel XII secolo faceva parte del Sacro Romano Impero e solo in seguito fu sottoposto al regno di Francia: nella città di Lione, governata dai suoi arcivescovi, da tempo importante centro commerciale in cui si era sviluppata una prospera classe borghese di mercanti. Ad essa apparteneva quel *Vaudés* o *Valdés* (poi ricordato tradizionalmente come Pietro Valdo), la cui vicenda personale e spirituale diede vita al movimento che da lui prese nome.

Si racconta che Valdo, tanto abile da diventare uno degli uomini più ricchi della città, trovandosi un giorno a conversare con un gruppo di cittadini suoi amici, ne vide a un tratto cadere uno, morto improvvisamente. Questo avvenimento traumatico lo indusse a riflettere sui problemi della vita, della sorte, della salvezza, e, dopo molte meditazioni e ricerche, lo convinse che la chiave di tutto stava nella parola detta da Gesù al giovane ricco che gli chiedeva quale fosse la via verso la vita eterna: "Va', vendi tutto ciò che hai e dallo ai poveri, ed avrai un tesoro nei cieli; poi, vieni e seguitami".

Per comprender meglio questa parola, Valdo dedicò somme ingenti a far tradurre gli Evangeli in lingua volgare, perché fosse possibile a tutti comprenderne il messaggio. Distribuì quindi i suoi beni ai poveri e si diede a predicare in pubblico, assecondato ben presto da una schiera di seguaci. Dapprima questo movimento fu visto favorevolmente negli ambienti ecclesiastici, poi venne a urtarsi contro la gerarchia e anzitutto contro l'arcivescovo di Lione, Guichard. Il punto di dissenso era costituito dalla pretesa di Valdo di dedicarsi liberamente e intensamente alla predicazione del messaggio evangelico, e proprio intorno a questo punto si svolse un dibattito che ci consente di fissare il primo preciso riferimento cronologico circa l'inizio del movimento. Infatti Valdo e alcuni suoi seguaci si presentarono, per essere approvati come predicatori, al III Concilio lateranense, che si tenne a Roma dal 1179 in poi. Siamo in grado, quindi, di fissare l'inizio della vicenda valdese fra il 1170 e il 1180. Sembra che dai prelati del Concilio il gruppo valdese fosse trattato con una certa diffidenza e un certo disprezzo, tuttavia la predicazione non venne loro vietata. Ciò forse anche a causa di un'altra questione che all'epoca preoccupava la Chiesa assai più dei Valdesi: il pericoloso diffondersi del movimento dei Catari. L'eresia catara, di origine balcanica, si era largamente diffusa nell'Europa del XII secolo. Essa contrapponeva alla Chiesa cattolica una teologia antimaterialistica — simile a quella degli antichi Manichei — un rituale e un'organizzazione ben delineata e nettamente antagonista. Di qui la netta condanna della Chiesa che portò alla durissima repressione dei Catari. Contro di loro fu persino proclamata una crociata che si sviluppò dal 1208 in Provenza e in Linguadoca (qui erano chiamati Albigesi, dal territorio della città di Albi in cui erano particolarmente diffusi) e si protrasse nei primi decenni del XIII secolo. Ma già il Concilio di Verona (1184) accomunò nella condanna Catari e Valdesi (che si erano nel frattempo moltiplicati sotto la denominazione di "Poveri di Lione"). In realtà i due gruppi all'origine si differenziavano nettamente, tant'è vero che i dirigenti del movimento valdese scrissero dei trattati contro la dottrina dei Catari. In un secondo momento però fra i due gruppi, sottoposti alla pressione degli inquisitori e ridotti alla clandestinità, si sviluppò una certa affinità negli atteggiamenti anticlericali e anche qualche commistione dottrinale. Molto importante per le sorti e per gli atteggiamenti dei Valdesi fu anche la loro diffusione, iniziata già prima della fine del XII secolo, nell'Italia settentrionale. Ben presto infatti si sviluppò fra loro il metodo della predicazione non più soltanto locale ma svolta di proposito con un ministerio itinerante; per lo più si trattava di una coppia di predicatori che compivano viaggi sempre più lontano. Si racconta che spesso, per coprire questa attività clandestina i propagandisti si presentavano come mercanti occupati nella vendita porta a porta di merci varie, specialmente delle preziose sete di Lione. Dopo aver introdotto il loro discorso in questo modo, tiravano fuori a un certo punto la "merce più preziosa": gli opuscoli con traduzioni delle Scritture, che davano loro lo spunto per il richiamo alla semplicità e alla povertà evangelica. Quando i primi predicatori valdesi giunsero in Lombardia (così veniva denominata all'epoca la Valle padana e l'Italia settentrionale in genere) trovarono un terreno già preparato, nel corso del XII secolo, dalla persistenza di movimenti ereticali che pure erano già stati duramente repressi. Così ad esempio quello dei Patarini, che avevano avuto notevole importanza a Milano nella contestazione della corruzione ecclesiastica, e degli Arnaldisti, seguaci di Arnaldo da Brescia, agitatore politico-religioso.

Lo sviluppo del valdismo in Lombardia diede vita alle comunità dei "Poveri lombardi". Anche per effetto del movimento comunale in Italia, che contestava le esistenti strutture feudali, questi assunsero un'importanza tale da sopravanzare il Valdismo lionese, dal quale si differenziarono man mano sia dal punto di vista dottrinale, sia per la loro più robusta organizzazione, grazie alla quale riuscirono per qualche tempo a costituire stabili comunità di notevole consistenza.

A un certo punto questa differenziazione portò a una crisi del movimento valdese: dopo la morte di Valdo (1206?), una parte dei Valdesi d'Oltralpe venne riassorbita dalle strutture ecclesiastiche, e prese la denominazine di "Poveri cattolici", mentre il più forte movimento lombardo ampliò straordinariamente la sua diffusione facendo proseliti in Germania, nei territori del cosiddetto Sacro Romano Impero. Circa il divario verificatosi fra "Poveri di Lione" e "Poveri lombardi" è molto interessante un documento noto come la relazione dell'"incontro di Bergamo" (1218) fra lionesi e lombardi, dove le rispettive posizioni vengono messe a confronto nella ricerca di una linea comune sia sul piano teologico sia sul piano del comportamento e dell'organizzazione.

Ma il Duecento era destinato a rappresentare per i Valdesi, e in genere per tutti i movimenti ereticali che erano pullulati in Europa nel secolo precedente, l'inizio di un periodo durissimo. La Chiesa si era lanciata alla controffensiva, cercando d'individuare ovunque i gruppi ereticali e servendosi per dissolverli sia di mezzi spirituali, sia della repressione sanguinosa affidata al "braccio secolare", cioè alle autorità politiche, per ripristinare ovunque l'ortodossia. Si è già accennato alla crociata contro gli Albigesi e al riassorbimento di parte dei Valdesi nei "Poveri cattolici". Ma sul piano spirituale ebbe straordinaria importanza, proprio all'inizio del Duecento, il modo attento ed efficace con cui vennero gestite da parte del Papato le iniziative riformatrici di San Francesco d'Assisi e di San Domenico.

Specialmente il caso di San Francesco d'Assisi presentava molte affinità con lo spirito evangelico che aveva mosso la predicazione di Valdo. L'ordine francescano venne riconosciuto nel 1210, quello domenicano nel 1216. In particolare ai Domenicani verrà affidata in seguito la nuova struttura data all'Inquisizione, che esercitata in precedenza a livello locale, venne gestita in modo sempre più centralizzato e con le caratteristiche di una regola e di un'organizzazione ferrea, tale da operare con la massima efficacia contro i focolari di eresia. La conseguenza della rinnovata efficienza dell'Inquisizione fu duplice: i gruppi ereticali che sopravvissero, e specialmente i Valdesi (la cui tenacia fu tale che a un certo punto il loro nome venne esteso in Europa, magari impropriamente, a qualsiasi eresia) riuscirono a sussistere grazie a una sempre più rigorosa clandestinità,

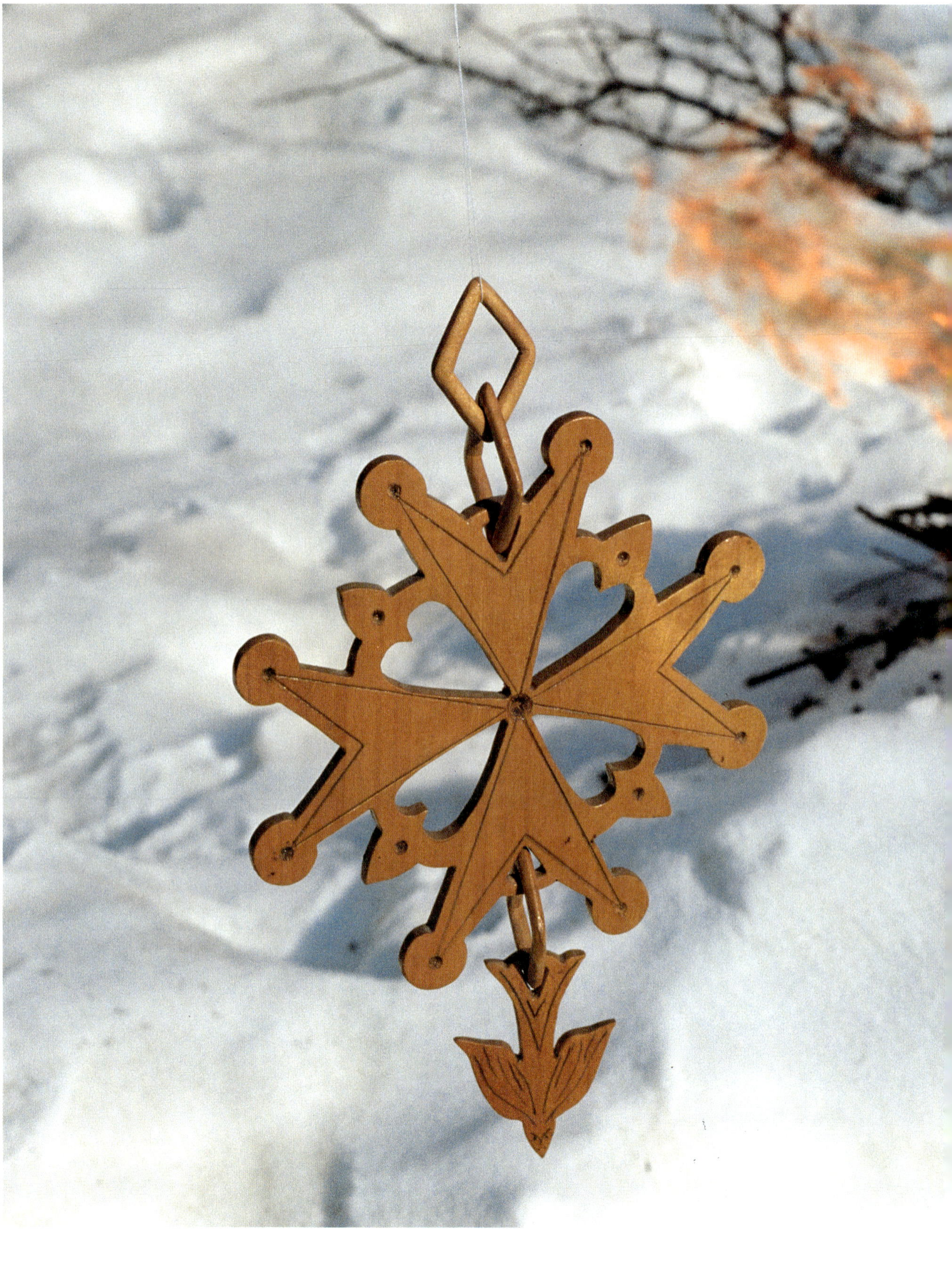

74. *Croce ugonotta, segno distintivo dei protestanti francesi*

evitando per lungo tempo di diffondere scritti e documenti; invece si andarono moltiplicando e accumulando negli archivi le relazioni degli inquisitori, che quindi costituiscono per il periodo di tre secoli, fino agli inizi del Cinquecento, la fonte pressoché esclusiva di quanto sappiamo circa questa fase del movimento valdese.

Lo studio dei documenti inquisitoriali, portato avanti nel secolo scorso e tuttora attivissimo da parte di studiosi specialisti, ci consente oggi di conoscere due ordini di circostanze rimaste a lungo molto oscure. Anzitutto la vastità e la specificazione della diffusione europea del valdismo. I Valdesi si impiantarono in Italia, oltre che in varie parti del settentrione, nel centro (Marche e Umbria) e nel meridione (Puglie e Calabria), in Germania, in varie zone e in modo speciale lungo i confini orientali dell'Impero, in Austria, in Boemia, in Prussia, fino in Pomerania.

Nell'Europa occidentale, in talune località dei Paesi Bassi e delle Fiandre, e ovviamente nella Francia meridionale e fino in Spagna, in quel di Tarragona. In tutti questi luoghi la regola di comportamento che consentiva loro di sopravvivere era in generale la più rigorosa clandestinità: apparentemente si comportavano come buoni cattolici, partecipando regolarmente alla comune vita religiosa; segretamente, coltivavano la loro fede, il loro culto, la lettura delle Sacre Scritture, sotto la guida dei "Barba".

I maestri spirituali dei Valdesi erano così chiamati, con parola che ancora oggi in Piemonte e in Provenza significa "zio" (lat. *barbanus* = zio materno), perché, applicando rigorosamente i dettami del Vangelo, essi riservavano solo a Dio l'appellativo di Padre in senso spirituale. I "Barba" spesso svolgevano un ministerio itinerante, spostandosi in continui viaggi.

Un secondo ordine di circostanze, che interessa particolarmente la presente esposizione, è questo: si è creduto a lungo che il territorio alpino fra Delfinato e Pinerolese, dove nei decenni fra la fine del Quattrocento e l'inizio del Cinquecento si trovarono condensate le popolazioni valdesi, fosse stato da loro raggiunto per effetto di una fuga da Lione e dalla Provenza, sin dall'inizio del Duecento. Oggi invece sappiamo che questo fenomeno si verificò poco alla volta, specialmente per l'eliminazione o l'assorbimento delle *isole* valdesi in altre parti d'Europa. Quanto all'insediamento nel Pinerolese, i documenti in nostro possesso che l'attestano fanno riferimento agli anni 90 del Duecento. "Il numero dei Valdesi crebbe rapidamente, dopo il 1300, specie nelle vallate di Luserna — scrive uno storico — ma anche nelle valli di Susa e del Sangone, come pure nei borghi di pianura — Pianezza, Castagnole, Moncalieri, Carmagnola, Chieri — e nell'alta valle del Po". Man mano poi questa concentrazione valdese nelle valli del Pinerolese e nei luoghi citati fu forse favorito sia dall'emarginazione in confronto ad altre valli percorse da grandi vie di comunicazione (come la Val di Susa), sia dalla facilità di apertura verso i territori del Delfinato e le valli contigue dell'altro versante delle Alpi Cozie. Per contro questa apertura verso il Delfinato divenne una causa di più intensa attività inquisitoriale e repressiva da quando, nel 1309, i Papi si stabilirono, ed ebbero sede per un lungo periodo, ad Avignone. Si hanno allora successive e dure campagne inquisitoriali che imperversano particolarmente nelle valli collegate, dal Queyras e dalla Val Chisone a quelle della Durance, di Freyssinière, dell'Argentière e della Val Pute (Vallouise). Qui l'intervento inquisitoriale (con il relativo sequestro dei beni degli inquisiti e al limite il rogo degli eretici ostinati) si sviluppò in misura crescente verso la metà del Trecento, culminando con la durissima attività del francescano Borelli.

Non stupisce dunque che all'inizio del Quattrocento il Valdismo alpino appaia declinante e più che mai clandestino. Ma proprio in questo secolo si manifestarono in Europa e nella stessa Italia situazioni che avrebbero contribuito potentemente a dargli nuova vita, cioè lo sviluppo in

75. Bibbia in francese in uso nell'Ottocento

sedi e in ambienti lontani e indipendenti dall'influsso valdese di movimenti non più clandestini e capeggiati da autorevoli personaggi, in cui il movimento valdese riconobbe delle posizioni affini alla propria dottrina. Questa, all'inizio, come è attestato da un documento che ci è noto come "la professione di fede di Valdo" (1180), seguiva le linee maestre della teologia cattolica; si caratterizzava però, come abbiamo detto, per il fondamento direttamente scritturale delle sue affermazioni e per la conseguenza pratica di vivere nella povertà e di "adempiere i consigli evangelici come precetti", quindi per il suo rigore morale. Ne erano derivati pertanto degli atteggiamenti caratteristici che, se individuati dagli inquisitori, comportavano l'accusa di eresia: il diritto-dovere di trarre insegnamenti direttamente dalla Bibbia; l'opposizione alla struttura sacerdotale e il diritto per ogni credente di praticare l'Eucarestia; il rifiuto della mediazione della Chiesa, così come della Vergine e dei santi nel rapporto con Dio; la "teologia delle due vie", che esclude possa essercene una terza fra la via del bene e quella del peccato; il rifiuto del Purgatorio; infine l'obbligo assoluto di evitare la menzogna e il giuramento.

Ora, verso la fine del Trecento in Inghilterra e all'inizio del Quattrocento in Boemia si ebbero delle enunciazioni dottrinali, quelle di Wyclif, e quelle di Hus e dei suoi seguaci — i quali pure esclusero per vari anni di aver nulla a che fare con i Valdesi e la loro eresia — che attuarono una netta contestazione della Chiesa di Roma. Ne seguì che in Boemia, dopo l'esecuzione di Hus decretata dal Concilio di Costanza (1415), il movimento dei suoi seguaci entrò in contatto sempre più stretto con i superstiti Valdesi tedeschi, scambiando visite e comunicazioni che raggiunsero i Valdesi delle Alpi, traendoli fuori dalla condizione d'isolamento e costituendo quella che è stata definita come "l'internazionale valdo-hussita".

Un altro elemento propizio alla ripresa di vitalità fu costituito nel Quattrocento dalla favorevole condizione goduta da gruppi di Valdesi in altre parti d'Italia, particolarmente in Calabria, in Puglia, nell'Umbria e negli Abruzzi. Al Sud la nobiltà angioina aveva favorito l'impianto di contadini valdesi; nello Stato pontificio la disorganizzazione conseguente alla lontananza dei Papi aveva consentito agli elementi eretici una relativa tranquillità. Quindi i Valdesi delle Alpi furono visitati da "barba" che venivano da Manfredonia (che per un certo periodo pare fosse il centro del movimento) e da Spoleto.

Questi stessi fattori positivi determinarono però anche delle conseguenze negative. Gli esempi rivoluzionari della Boemia si ripercossero nel Piemonte e nel Delfinato, dove ci furono vere e proprie rivolte popolari, uccisioni di inquisitori e atti di guerra. In particolare fu questo il caso della difesa che i Valdesi della Val Luserna (come era chiamata l'attuale Val Pellice) opposero alla persecuzione attuata dal duca di Savoia Carlo I, il quale finì per rinunciare ad ulteriori provvedimenti repressivi. Ebbe invece il carattere di una vera e propria crociata l'azione condotta in Delfinato negli anni 1487-89, mentre era re di Francia Carlo VIII, dal legato papale Alberto Cattaneo. Alcune vallate, dove i villaggi popolati da Valdesi furono incendiati e numerose furono le vittime, si spopolarono e i superstiti fuggirono in altre zone.

Infine, un'altra prova di nuova vitalità del movimento valdese nel Quattrocento è costituita dalla produzione, risalente in buona parte a tale epoca, della cosiddetta "letteratura valdese", cioè di una serie di opuscoli e trattatelli in lingua "valdese" (affine al provenzale, ma con caratteri propri). Scopo di questa letteratura era di affiancare la tradizione orale nella formazione scritturale, morale e culturale dei fedeli.

Il testo più noto di tale letteratura è *La nobla Leyczon* ("la nobile lezione"), un poema che si apre dichiarando: "Ascoltate, fratelli, un messaggio importante: sempre pregare e vegliare dobbiamo perché il mondo è prossimo alla sua fine".

La conservazione dei numerosi esemplari superstiti della letteratura valdese si deve alla raccolta che ne fecero tra la fine del Cinquecento e l'inizio del Seicento i primi storici del Valdismo. Questo materiale rimase depositato in biblioteche estere, specialmente a Ginevra, a Londra e a Dublino, e solo recentemente è stato oggetto di un'attività sistematica di studio e di pubblicazione.

3. DALL'ADESIONE ALLA RIFORMA AL "GLORIOSO RIMPATRIO"

All'inizio del Cinquecento la situazione dei Valdesi delle Alpi rimaneva incerta e precaria, esposta alle iniziative inquisitoriali magari appoggiate dai feudatari (fra cui principalmente i conti di Luserna, la famiglia che con i suoi vari rami dominava la Val Pellice), dai quali quella popolazione contadina sperava di emanciparsi, eliminando i vincoli che le negavano la libera proprietà della terra. Tuttavia, oltre ai rapporti con i gruppi lontani cui abbiamo accennato, i legami con quelli dell'altro versante delle Alpi Cozie, che nel secolo precedente si erano stanziati numerosi nel Luberon, in Provenza, facevano sì che non fossero del tutto isolati.

Ma nel corso del secolo questa situazione parve mutare radicalmente a loro favore. Sul piano religioso, la notizia degli straordinari eventi avviati nel 1517 in Germania dalla protesta di Lutero, si andarono diffondendo in Piemonte, dove in vari punti si verificarono adesioni alla Riforma. Sul piano politico, la serie delle guerre tra Francia e Spagna dominò buona parte del secolo, e nella lotta fra le due grandi potenze si trovò tragicamente coinvolto il duca di Savoia, Carlo III, il quale vide nel 1536 il suo stato quasi completamente invaso dai Francesi.

In quella situazione di precarietà del potere politico i Valdesi compirono la grande svolta storica concretatasi nell'assemblea tenuta nel 1532 a Chanforan, nella Valle d'Angrogna, nota come "sinodo di Chanforan" (e ricordata sul luogo dal monumento eretto nel 1932 ad opera di Paolo Paschetto). Al sinodo partecipò anche l'energico riformatore francese Guillaume Farel, che in seguito contribuì in modo decisivo alla Riforma in Svizzera, trattenendo Calvino a Ginevra. La maggioranza dei partecipanti a Chanforan approvò un significativo documento che sostituiva all'antica teologia ed ecclesiologia valdese le posizioni riformate.

L'adesione valdese al movimento della Riforma veniva sottolineata dalla decisione di raccogliere una somma importante perché venisse fatta e pubblicata una nuova traduzione della Bibbia in francese ad opera di Roberto Olivetano. Ma soprattutto l'impegno che ne derivava per la comunità valdese era di costituirsi in una vera e propria chiesa, abbandonando l'antica clandestinità e la finzione dell'apparente appartenenza alla Chiesa cattolica. E questo impegno, almeno per i Valdesi al di qua delle Alpi, poté essere attuato negli anni centrali del Cinquecento, grazie all'occupazione del Piemonte da parte della Francia, di uno stato cioè dove la Riforma si era largamente diffusa e in cui c'era una situazione di equilibrio fra le confessioni, che lasciava largo spazio ai protestanti.

In queste condizioni i Valdesi, favoriti anche dal fatto che più d'uno dei governatori preposti dalla Francia al Piemonte era protestante, completano la loro riorganizzazione, ottengono franchigie dai feudatari laici e dai proprietari ecclesiastici, costituiscono parrocchie che assumono figura giuridica, e nel 1555, anno memorabile, costruiscono i loro primi, semplici templi. Anzitutto quello nella borgata di San Lorenzo, al centro della Valle di Angrogna, che è il primo tempio protestante in Italia. Poi nello stesso anno quello del Serre di Angrogna, quello dei Coppieri a Torre Pellice, quello del Ciabàs, su territorio di Angrogna ma destinato ai Valdesi di San Giovanni. Nel 1556 viene edificato quello di Prali, poi altri ancora. Nello stesso 1555, due predicatori giunti da Ginevra nell'alta Val Chisone (Pragelato) iniziano la predicazione riformata; nel corso di alcuni anni tutta l'alta Val Chisone diventerà protestante.

Ma durante lo stesso contraddittorio periodo ecco che due terribili stragi fanno intravedere quelle che potranno essere d'ora in poi le repressioni di massa della dissidenza confessionale. Nel 1545 un editto del parlamento d'Aix, approvato dal re di Francia Francesco I, scatena una spedi-

76. *Monumento di Chanforan in ricordo del Sinodo del 1532*

77. *Particolare del monumento*

zione militare che distrugge i villaggi valdesi del Luberon e costringe tutti i sopravvissuti alla scelta fra l'abiura e la fuga, quando non li condanna alla galera a vita. Nel 1561 avviene lo stesso per le colonie valdesi di Calabria, sotto il dominio della Spagna. Qui gli abitanti vengono "rastrellati" ancora più crudelmente che nel Luberon; incendiati e distrutti tutti i paesi, fra cui Guardia Piemontese, uccisi e imprigionati numerosissimi abitanti. L'isola valdese della Calabria viene distrutta per sempre; sopravviverà a tutt'oggi il linguaggio provenzale dei contadini.

A quel punto anche in Piemonte si hanno episodi che preavvisano un fosco avvenire, come il rogo nel 1558 a Torino del predicatore valdese Giaffredo Varaglia, catturato mentre faceva propaganda a Dronero. L'anno seguente, 1559, la pace di Catêau-Cambrésis suggella il trionfo della Spagna nel pluridecennale conflitto con la Francia. Generale degli Spagnoli nella fase decisiva, Emanuele Filiberto di Savoia rientra in possesso dei suoi stati e si dispone ad attuarvi la politica del *cujus regio ejus religio*, cioè dell'obbligo per i sudditi di seguire la religione del principe, diventata in Europa regola generale. I nuclei sparsi di Valdesi sono dispersi e distrutti, ma la zona compattamente valdese delle Valli costituisce un problema politico-militare, anche perché Pinerolo e la Val Chisone restano per ora un possesso francese.

Dopo vane trattative preliminari, i Valdesi dichiarano concordemente di voler resistere al loro sovrano, col "patto di unione" stilato al Podio, presso Bobbio, il 21 gennaio 1561. Da febbraio le truppe ducali, al comando del signore della Trinità, iniziano le operazioni contro di loro. I Valdesi hanno come centro di resistenza Pra del Torno, in Val d'Angrogna, contro cui si concentrano le ripetute offensive delle truppe sabaude, che vengono ogni volta respinte con gravi perdite. Intervengono per una mediazione pacifica la consorte del duca, Margherita di Francia, incline alla tolleranza, e Filippo di Racconigi, cugino del duca. Sarà lui a firmare a Cavour, il 5 giugno 1561, con un gruppo di delegati valdesi, un documento di pacificazione secondo cui nei limiti delle loro valli i Valdesi potranno praticare il loro culto. Sarà questa, per quasi tre secoli, la principale base giuridica della loro sopravvivenza come popolo-chiesa. Nei limiti territoriali i Valdesi possono inoltre possedere terreni e svolgere attività economiche. Fuori del "ghetto", tutto questo è vietato. Nel 1573 tuttavia il vallone di Pramollo (che sbocca a San Germano, quindi all'interno dei limiti) fino allora cattolico, decide di passare in blocco al Valdismo. Sarà questo l'ultimo evento favorevole nella vicenda valdese del Cinquecento.

Nel 1580 muore Emanuele Filiberto (che nel 1574 aveva ripreso possesso di Pinerolo, occupata dai Francesi ormai dal 1536) e gli succede Carlo Emanuele I. Il cinquantennio di governo di questo ambizioso sovrano è quasi continuamente agitato da una serie di conflitti, nel corso dei quali egli si sforza di estendere o di difendere il suo stato. Nel 1601 gli riesce definitivamente di acquisire i territori del marchesato di Saluzzo, il che comporta lo sradicamento da quel territorio dei gruppi riformati, tra cui quello numeroso di Paesana. Ma la fine del governo di Carlo Emanuele, morto nel 1630, colse lo stato sabaudo in una situazione difficilissima dal punto di vista politico-militare. In più punti i Francesi erano attestati al di qua delle Alpi: tra l'altro Pinerolo, tornata in loro possesso, lo sarebbe rimasta fin quasi alla fine del secolo.

Proprio a partire da Pinerolo si diffuse in Piemonte la terribile peste del 1630, di manzoniana memoria. Anche nelle Valli Valdesi le vittime furono numerosissime: oltre la metà della popolazione.

Dei tredici pastori, solo due sopravvissero. Si supplì con la richiesta di nuovi pastori da Ginevra. Questi giunsero a portare avanti la predicazione, praticandola tuttavia in francese, mentre prima di allora i pastori avevano predicato in italiano. Da ciò derivò l'uso del francese per la predicazione valdese. Quest'uso si estese alla pubblicistica e alla stessa conversazione, durando fino a tempi a noi vicini.

Da allora e fino alla metà del Seicento, le preoccupazioni dei Valdesi consistettero essenzialmente in una serie di difficoltà con le autorità sabaude riguardo ai limiti esatti di residenza e di possesso di terre nella Val Pellice. Nulla faceva presagire che a un tratto questo stillicidio di controversie sarebbe sfociato in un deciso e improvviso tentativo sabaudo di distruggere la collettività valdese. Ma forse la spiegazione della vicenda va cercata nella terribile tensione diffusa in tutte le corti di Europa dalla rivoluzione inglese della metà del secolo. Comunque nel 1655 i Valdesi rischiarono una seconda volta, dopo il conflitto del 1561, di essere distrutti dai loro sovrani.

Al suo inizio la vicenda, ricordata come "le Pasque piemontesi", fu relativamente rapida è lineare. Al comando di un contingente di truppe di 4.000 uomini, più alcuni reparti ausiliari, il marchese di Pianezza, dopo essersi acquartierato tra il 17 e il 21 aprile nella Val Pellice, alla fine del mese lancia le sue truppe contro la popolazione. Può contare sull'appoggio di un esercito francese in transito nella zona. Dapprima l'azione si svolge nella Val Pellice e nella Val d'Angrogna, poi in Val San Martino.

Si tratta di un massacro indiscriminato, come se ne vedranno ad opera dei nazisti nella secon-

78. *Tempio di S. Lorenzo, Angrogna*

79. *Ciabàs*

80. *Interno del vecchio tempio di Prali, oggi museo*

81. *Tempio di Pra del Torno* (pagine seguenti)

da guerra mondiale: uomini, donne e bambini vengono uccisi o catturati, il bestiame depredato, le case incendiate. Il 12 maggio la reggente Madama reale riceve a Torino il marchese di Pianezza di ritorno dalla sua impresa, e nei giorni seguenti scrive al suo residente a Roma di aver estirpato l'eresia dai territori sabaudi. Evidentemente si illudeva in tal modo di aver risolto il problema ereticale, come era avvenuto nel secolo precedente in Delfinato e in Calabria.

Ma così non fu. Prontamente da parte valdese vennero attuate due serie d'iniziative, una di carattere diplomatico-propagandistico, l'altra di carattere militare, che portarono in breve a fondamentali mutamenti della situazione. La prima fu attuata dal moderatore (presidente dell'assemblea dei pastori) Léger, che, passato per la Val Chisone in terra francese, già il 2 maggio lanciava all'Europa un appello per salvare i Valdesi dalla barbara distruzione. La seconda fu opera di un contadino di Rorà, Giosuè Gianavello, che si dimostrò un coraggioso e abilissimo capo partigiano, e insieme con il pramollino Bartolomeo Jahier avviò una campagna di guerriglia, con frequenti e duri attacchi alle basi nemiche.

Un risultato importante si ebbe sul piano della politica internazionale, perché dall'Inghilterra il governo di Cromwell, in quel momento all'apice della sua potenza, lanciò una campagna internazionale a favore dei Valdesi e inviò direttamente l'ambasciatore Morland a Torino. Dopo colloqui con i rappresentanti inglesi, francesi e svizzeri, la corte ducale ristabilì in certa misura le precedenti libertà valdesi con le "patenti di grazia" del 18 agosto 1655. Ma intanto provvide a edificare e munire il Forte di Torre Pellice, col proposito di sostituire la stretta sorveglianza e le continue molestie alla "soluzione finale" tentata nel 1655. Continuò allora, da parte valdese, la guerriglia capitanata da Gianavello. Egli seppe condurre la lotta partigiana con tale abilità ed efficacia da restare nella memoria dei suoi correligionari come una specie di Garibaldi montanaro. Fra i tanti episodi della lotta, celebre è quello della "svirota". Era questo un antico divertimento dei bambini valdesi: su un asse di legno montato su un piolo, due ragazzi posti sulle due estremità, con un piede sull'asse e uno a terra per spingersi, giocavano a girare in tondo. Collocata la "svirota" su un'altura e facendola girare in continuazione con due soli uomini, Gianavello fece credere alle truppe ducali, che guardavano dal basso, che un numero senza fine di armati stesse sfilando lungo la cresta. I nemici presero paura e si ritirarono.

Ma per vari anni, la lotta partigiana capitanata da Gianavello visse episodi molto duri. Infine con nuove "patenti" del febbraio 1664 si giunse a una situazione più tollerabile. Tuttavia fu decretato l'esilio perpetuo per Léger e Gianavello.

Questi si ritirò a Ginevra, dove visse tranquillo, ma non immemore. Vecchio, scrisse delle "istruzioni" militari preziose per i correligionari allorché trent'anni dopo subirono una persecuzione ancora più terribile, che parve distruggerli per sempre. Ne fu promotore esterno Luigi XIV re di Francia, il "Re Sole", che con la revoca dell'editto di Nantes soppresse nel 1685 le libertà dei protestanti francesi (gli "Ugonotti") e ne provocò l'emigrazione a centinaia di migliaia nei paesi dell'Europa protestante. Una prima conseguenza al di qua delle Alpi fu che la Val Pragelato, interamente popolata da riformati, subì la repressione del culto protestante, mentre parte dei suoi abitanti emigrava in Germania.

Vittorio Amedeo II di Savoia, nipote del Re Sole, sotto le pressioni del potente zio, infine, emanò il 31 gennaio 1686 un editto che prescriveva: "cessazione di ogni forma di culto valdese; demolizione dei templi; allontanamento dei pastori e dei maestri di scuola entro 15 giorni; battesimo cattolico dei neonati valdesi". Inutilmente, tra febbraio e aprile, i Valdesi cercarono di trattare, con il consueto aiuto dei rappresentanti svizzeri. Il meglio che poterono ottenere fu la prospet-

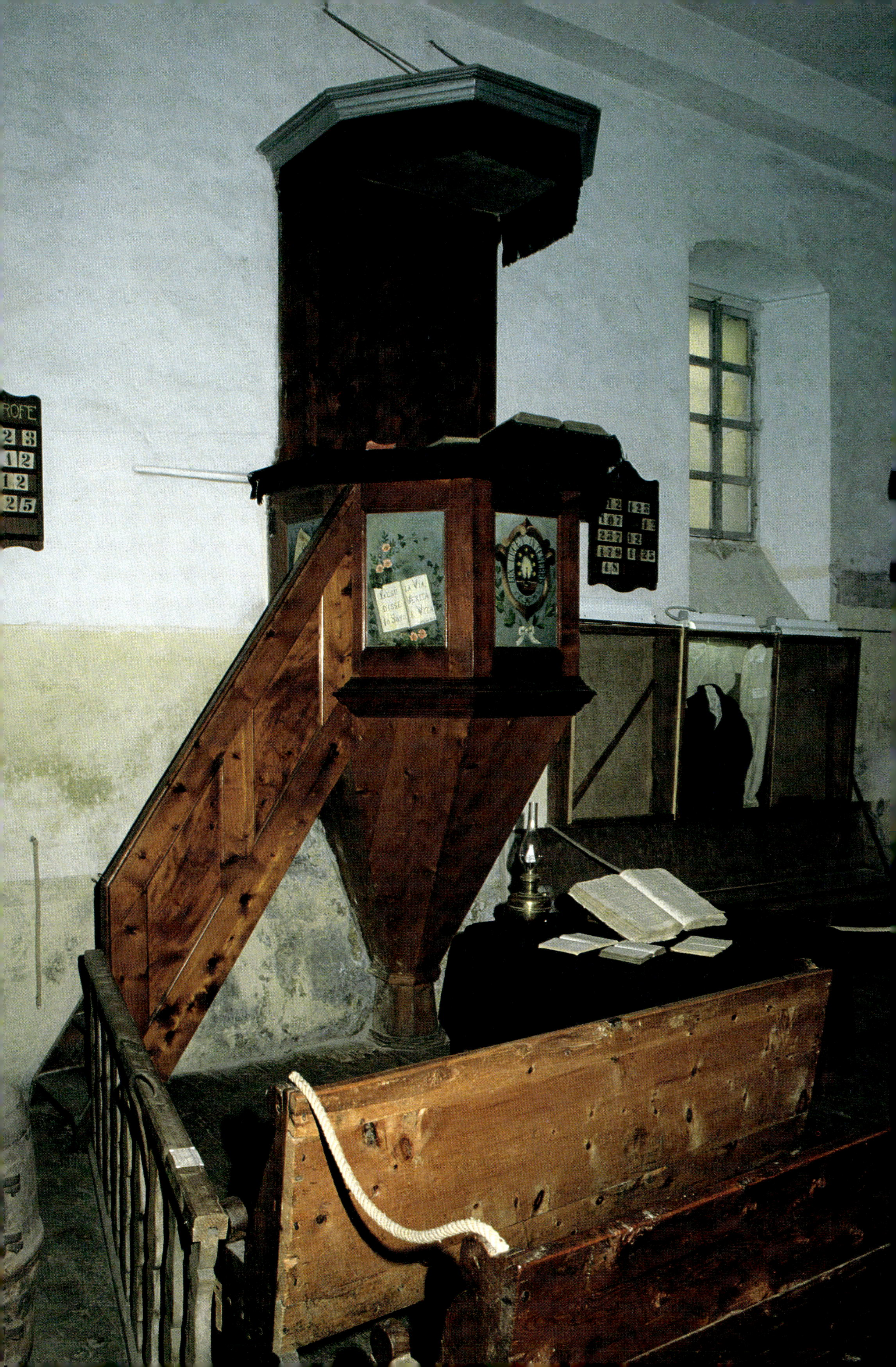
DISSE
Io Sono
VITA

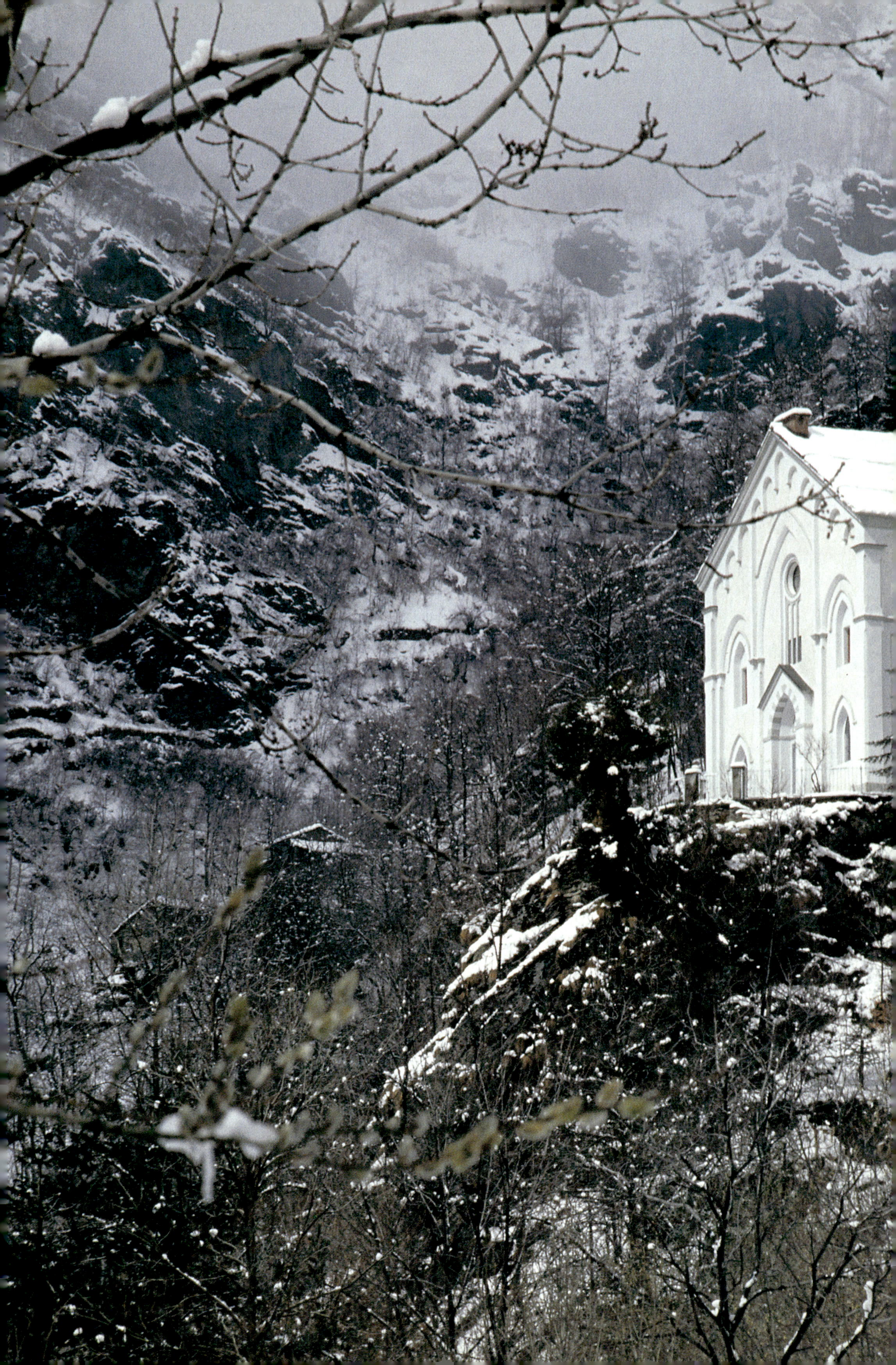

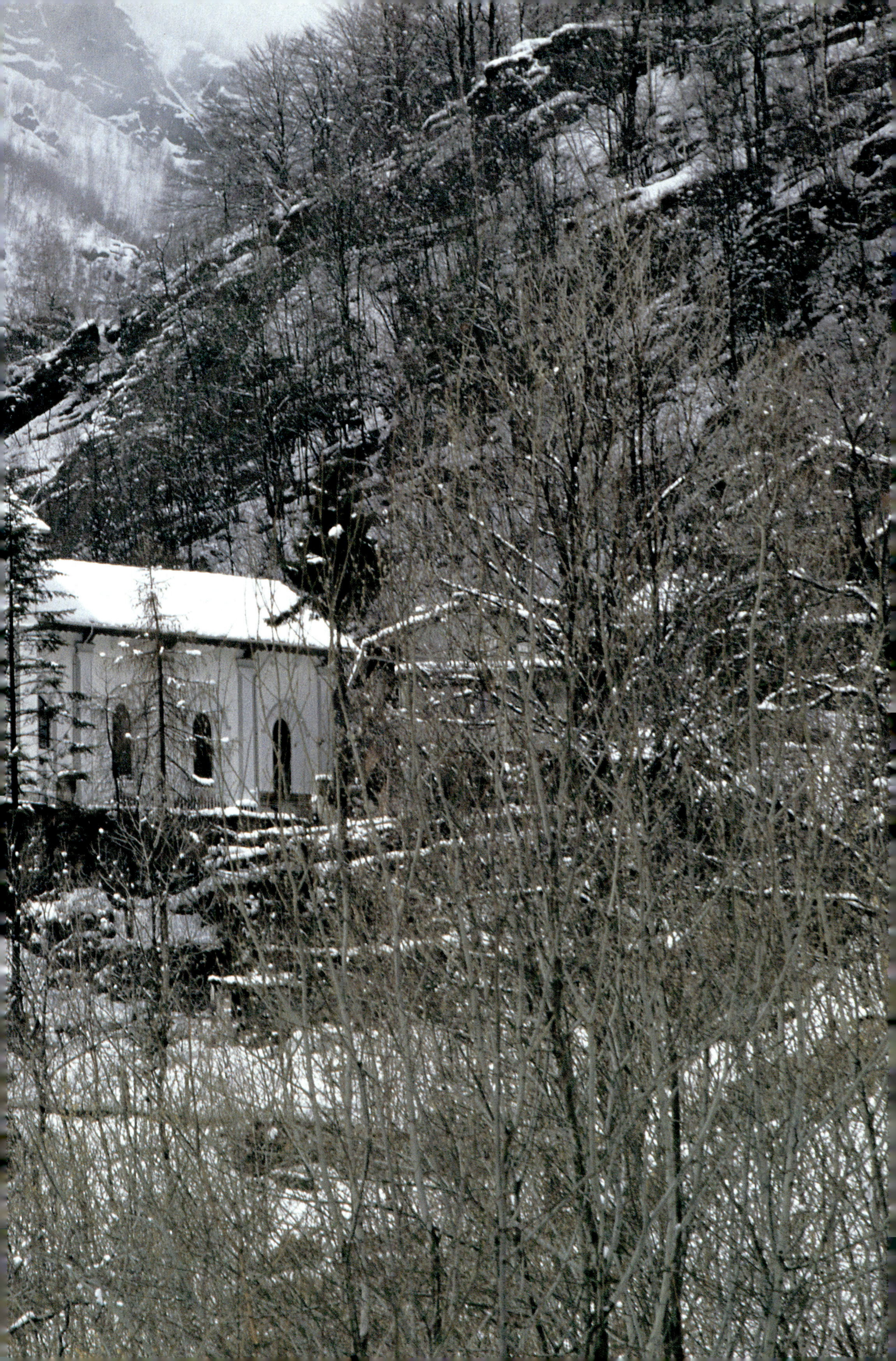

82. Interno del tempio di Pra del Torno

83. Studio della casa di Giosué Gianavello

84. Lapide a ricordo del "glorioso Rimpatrio" posta sulla facciata del vecchio tempio di Prali

tiva dell'esilio collettivo. Ma nell'angoscioso dibattito intervenne un nuovo personaggio, il pastore Enrico Arnaud, che seppe galvanizzare il partito della resistenza. Questa volta, tuttavia, ad assalire i Valdesi era un esercito di 10.000 franco-piemontesi, al comando di Gabriele di Savoia e del valente generale Catinat. In pochi giorni, dal 22 aprile ai primi di maggio, la lotta era terminata con gran numero di morti e prigionieri, mentre proseguivano le attività di rastrellamento. Ai primi di giugno Vittorio Amedeo visita le Valli ormai deserte; dei 14.000 componenti la comunità valdese, oltre 2.000 sono periti, 8.500 sono avviati verso le carceri piemontesi, gli altri sono sopravissuti grazie all'abiura, quanto meno formale, della loro fede. Resistono solo poche decine di ardimentosi, gli "Invincibili", che per qualche mese conducono (scegliendo come rifugio il vallone di Subiasc, sopra Bobbio) una guerriglia partigiana, poi accettano l'esilio. Altre pressioni degli Svizzeri fanno sì che nel gennaio 1687, alle migliaia di prigionieri, decimati dalle sofferenze, venga concesso di partire per l'esilio; a gruppi, nel corso di due mesi, attraversano a piedi, in pieno inverno, le Alpi. Ne partono 2.700, solo 2.490 arrivano a Ginevra.

In questa città gli esuli valdesi ritrovano il loro antico condottiero Gianavello e sperimentano la solidarietà dei ginevrini. Ma ciò non basta a quietarli. Da un lato sanno che nel frattempo nelle

85. *Monumento eretto sul poggio di Sibaud in memoria del "glorioso Rimpatrio"*

86. *Monumento a Enrico Arnaud*

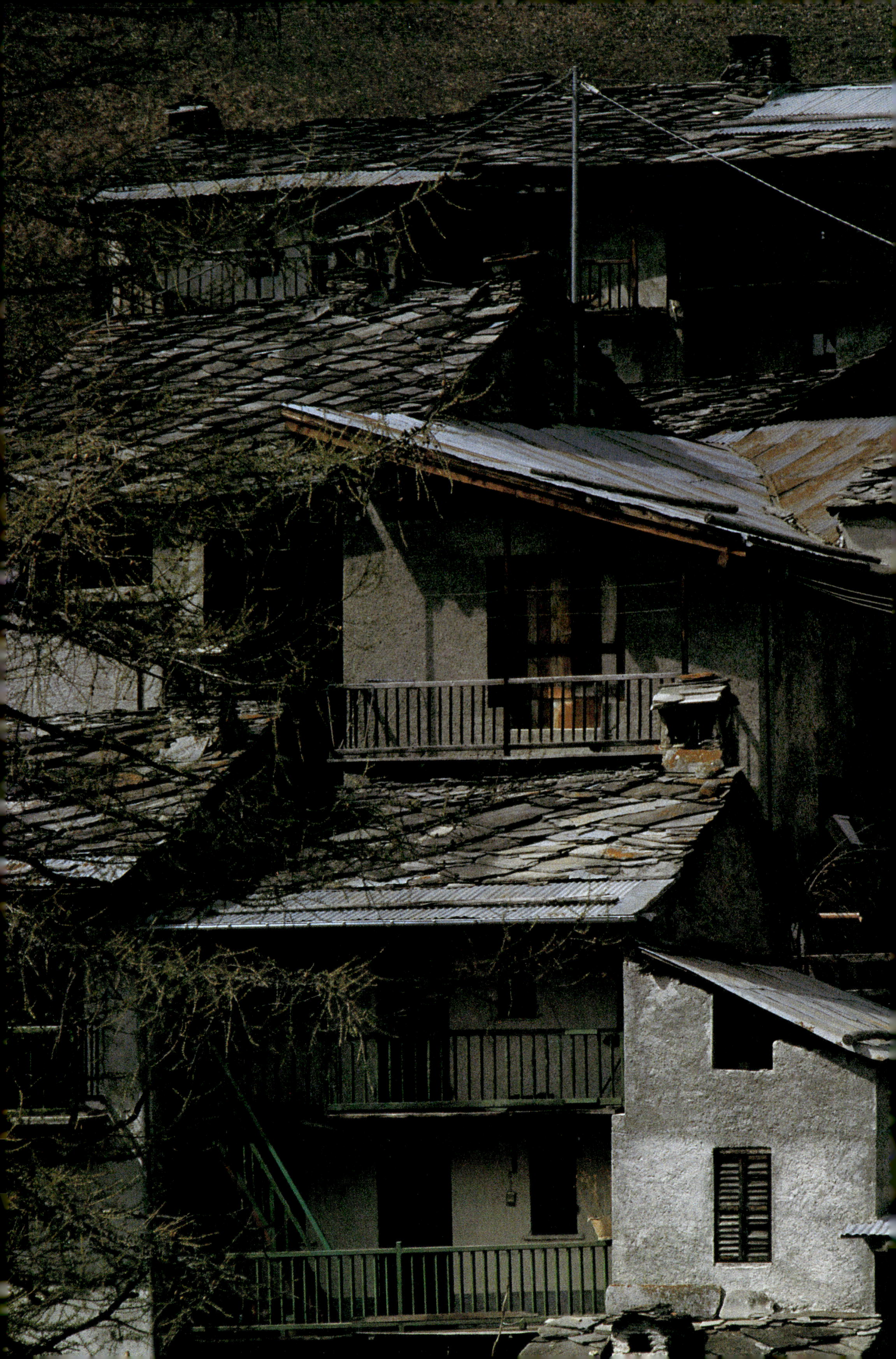

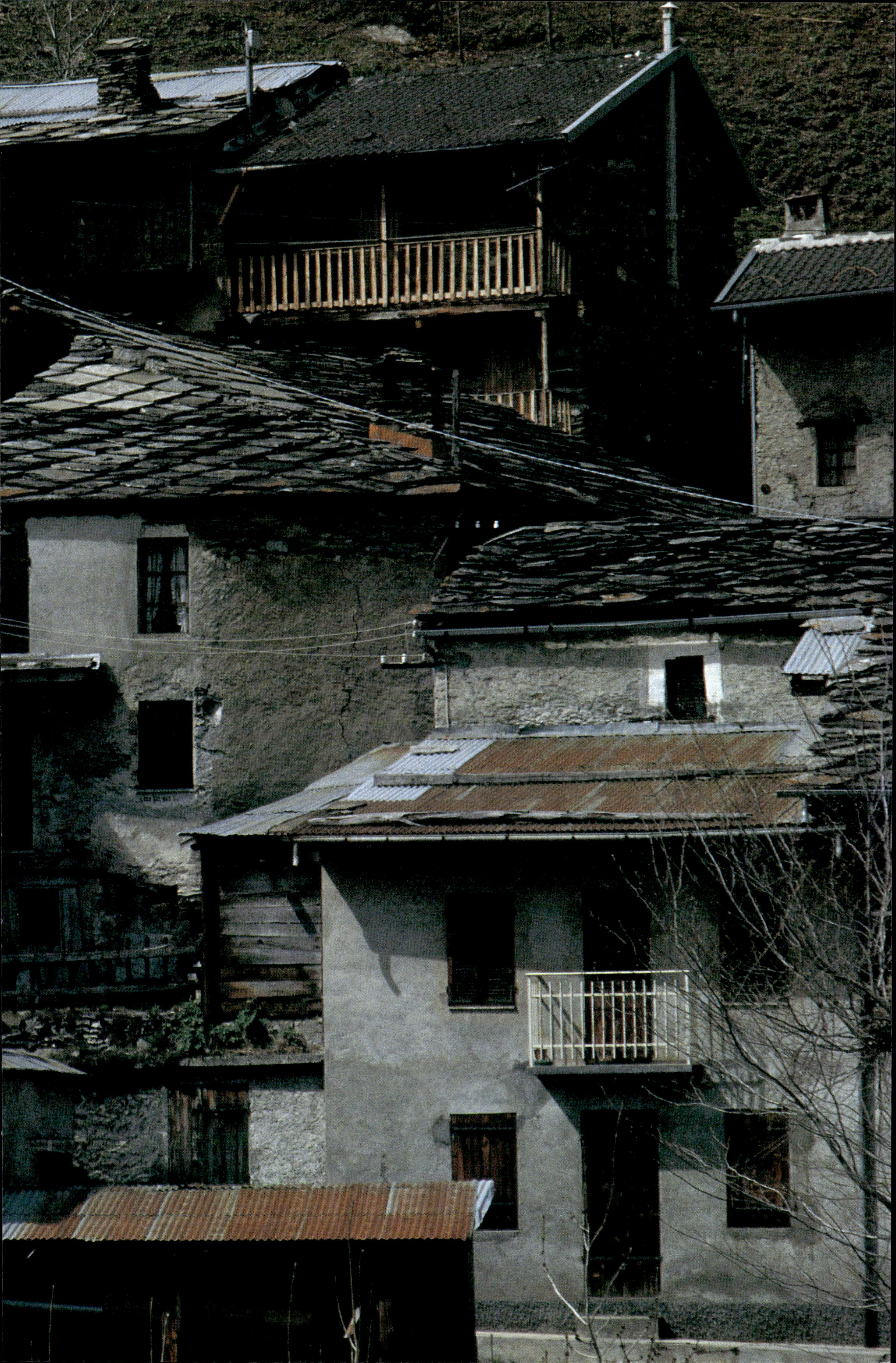

87. *Balsiglia, luogo dove i Valdesi sfuggirono all'assedio dei persecutori* (pagina precedente)

Valli i loro beni sono venduti e si tenta un ripopolamento con contadini cattolici, dall'altro devono subire ulteriori spostamenti verso altre parti della Svizzera e verso la Germania.

Dopo un paio di tentativi (falliti) di rientrare in patria, nel 1689 realizzeranno questo sogno. Ma ciò grazie a decisivi fattori di politica europea.

Nel 1688 è salito sul trono inglese Guglielmo d'Orange, un sovrano protestante, e la guerra subito scoppia fra la Francia e una larga coalizione di alleati dell'Inghilterra.

Il conflitto viene abilmente utilizzato da Arnaud. Si forma, con l'appoggio dei paesi protestanti, un corpo di un migliaio di uomini, in parte Valdesi e per il resto Ugonotti, che il 27 agosto 1689 parte dalle rive del lago Lemano e compie una "lunga marcia" di oltre 200 chilometri, attraversando la Savoia e valicando il Moncenisio. La marcia è interrotta, ma non fermata, da un duro combattimento a Salbertrand contro le truppe francesi. L'8 settembre il piccolo esercito, sia pur ridotto di un terzo, arriva a Prali. L'11 settembre, i protagonisti di quello che verrà ricordato come il "glorioso Rimpatrio" sono vicino a Bobbio, e qui, sul poggio di Sibaud (dove un modesto monumento ricorda oggi la circostanza) giurano di rimanere uniti nella lotta che dovranno sostenere contro le truppe franco-piemontesi. Il compito loro affidato dagli anglo-olandesi è di molestare con la guerriglia le truppe di Luigi XIV, ma la speranza è di ristabilire la comunità valdese nelle Valli. Seguono alcuni durissimi mesi di marce e combattimenti contro forze soverchianti, sotto la guida del pastore-condottiero Arnaud. Il cimento finale e supremo è l'assedio del piccolo corpo militare valdese, ridotto a 300 uomini e raccolto sulle rupi sovrastanti la Balsiglia, nel vallone di Massello, da parte dei reparti francesi che si dispongono all'assalto finale. L'azione che dovrebbe por fine alla lotta, il 24 maggio 1890, è interrotta dall'addensarsi di una fitta nebbia.

Nella notte i Valdesi riescono miracolosamente a sfuggire all'accerchiamento. Raggiungono altre alture poi si dirigono verso Pramollo. Pochi giorni dopo i Valdesi sono raggiunti da messaggeri di Vittorio Amedeo II, che ha deciso di cambiare fronte e di unirsi alla coalizione antifrancese. È la salvezza. Ed è anche la premessa per il ritorno e il ristabilimento dei Valdesi nelle loro Valli, che verrà sancito nel 1694 da un nuovo editto del duca di Savoia.

4. DAL RITORNO ALLE VALLI ALL'"EMANCIPAZIONE" DEL 1848

Vittorio Amedeo II, con la pace di Rijswick che nel 1697 pone fine alla guerra detta "della Lega di Augusta", riacquista il possesso di Pinerolo e della riva sinistra della bassa Val Chisone (Val Perosa). Ma l'anno seguente decreta che tutti i sudditi francesi dovranno in breve tempo andarsene dai suoi stati. È di nuovo un colpo mancino contro i Valdesi, che hanno accolto nelle Valli, spopolate dagli eventi degli anni precedenti, numerosi riformati nati in territorio francese. Fra questi c'è lo stesso Enrico Arnaud, nato ad Embrun. Circa 3.000 persone debbono nuovamente andare in esilio, e si rifugiano in Germania, per la maggior parte nel Württemberg, costruendo villaggi che hanno il nome dei loro paesi: Pinache, Gross-villar, Perouse. Non hanno grossi problemi confessionali, trovandosi in un paese protestante, ma ugualmente conserveranno gelosamente il loro dialetto e la consuetudine di sposarsi fra loro fino ai primi dell'Ottocento, quando accetteranno di inserirsi meglio nella comunità locale e di far uso del tedesco. Anche oggi i loro discendenti, che nei cognomi recano il ricordo dell'origine valdese, sono in fraterni rapporti con i Valdesi delle Valli, scambiano con loro frequenti visite e celebrano annualmente in Germania un raduno, il Waldensertag.

Eppure la comunità valdese, ridotta così a 5-6.000 persone e a 6 pastori (altri 8 vennero poi da Ginevra) non negò l'ospitalità a Vittorio Amedeo II quando nel 1706, durante la guerra di Secessione spagnola, si rifugiò nella Val Luserna e venne accolto a Rorà dalla famiglia Durand-Canton. Non per questo il sovrano si dimostrò in seguito particolarmente benevolo verso i Valdesi. Quando col trattato di Utrecht (1714) ottenne infine dalla Francia anche il possesso dell'alta Val Chisone, non tenne alcun conto delle aspirazioni dei riformati di Pragelato, che nel 1709 avevano fatto adesione alla Chiesa valdese. Dopo una serie di misure repressive, il testo unico che nel 1730 riordinò tutte le norme riguardanti i Valdesi, dispose la finale e totale soppressione del culto riformato a Pragelato, costringendo all'esilio gli ultimi irriducibili fedeli della riforma in quella valle.

Il seguito del Settecento, prima degli eventi drammatici di fine secolo, trascorse in relativa tranquillità. Continuavano però certe angherie tese alla repressione della libertà religiosa: nel 1739 venne istituita l'"Opera dei prestiti" per finanziare l'acquisto di terre delle Valli da parte di cattolici o "cattolizzati"; nel 1743 venne inaugurato a Pinerolo il palazzo Vittone per collocarvi l'Ospizio dei catecumeni, cioè dei Valdesi che abiuravano (potevano anche essere ragazze di 12 anni e ragazzi di 14 anni...). Ma le condizioni di stabilità e i rapporti acquisiti con l'estero favorirono il sensibile progresso economico delle Valli valdesi, e un conseguente progresso demografico (nel 1770 la popolazione delle Valli era risalita a circa 16.000 abitanti).

In questo piccolo mondo valdese, relativamente pacificato e prospero, collegato con l'estero, (specialmente con Inghilterra, Olanda e Germania) da scambi umani, culturali ed economici, cresceva però l'insofferenza per la forzata separazione dalla società circostante. Quindi l'invasione francese del 1796 produsse nelle Valli una viva eccitazione, per l'improvvisa prospettiva d'acquistare libertà civili. Alla fine del 1798, proclamata la fine della monarchia sabauda, il moderatore Pietro Geymet venne chiamato a far parte del governo provvisorio instaurato dai Francesi. Apparvero allora confermate le prospettive sperate e in tutti i comuni, tra feste e discorsi, venne piantato "l'albero della libertà", (a Luserna sopravvive ancora, nella parte alta, l'ippocastano piantato in tale occasione). Il 1799 non fu però un anno lieto: l'annessione alla Francia, votata in febbraio, era a molti sgradita. Seguì una controffensiva austro-russa che portò fino a Torre Pellice un centinaio di cosacchi. Dopo la rivincita di Napoleone a Marengo nel giugno 1800, si veniva stabilizzan-

88. *Scuola dei Barba*

89. *L'interno della scuola*

90. *Scuola di Campo La Salza, Val Germanasca*

92. *Interno della scuola Odin-Bertot*
93. *Cattedra della scuola Odin-Bertot*

do il nuovo regime, dal 1801 interamente coordinato dall'appartenenza del Piemonte alla Francia.

I Valdesi erano parificati agli altri cittadini, Geymet era sottoprefetto di Pinerolo. Si poteva finalmente costruire un tempio a San Giovanni (1806). Dopo la proclamazione dell'impero nel 1804, Napoleone riorganizzava a modo suo la Chiesa valdese, ma intanto si poteva liberamente lavorare e commerciare a Pinerolo e a Torino.

Tutto questo cessò nuovamente d'un tratto quando, caduto Napoleone e tornati i Savoia, con l'editto del 21 maggio 1814 il re Vittorio Emanuele I ristabilì lo *status quo ante*. Come per tante altre cose in Piemonte, l'illusione di cancellare con un tratto di penna i cambiamenti avvenuti nei 15 anni precedenti si dimostrava vana, per i Valdesi come per gli altri sudditi sabaudi. Tanto per dirne una, il tempio di San Giovanni, ormai costruito, venne chiuso al culto fino al 1816, ma poté essere riaperto in quell'anno a condizione di costruirvi davanti un'alta paratia di legno, in modo che i cattolici, entrando nella loro chiesa posta di fronte, potessero ignorarne l'esistenza.

Sul piano giuridico, tuttavia, per i Valdesi era stata ristabilita la situazione precedente. Anche dopo l'ascesa al trono di Carlo Alberto nel 1831, l'indirizzo di governo nei confronti dei Valdesi continuò immutato. Anzi, quando nel 1834 diventò vescovo di Pinerolo mons. Andrea Charvaz, personaggio di alta intelligenza e di ferrea volontà, la pressione antivaldese — certo non più con i mezzi d'un tempo — ebbe la tendenza a rafforzarsi. A capo d'una diocesi in cui, di fronte a 20.000 Valdesi, c'erano 38.000 cattolici, (di cui però poco più di 4.000 nella zona valdese) Charvaz non risparmiava sforzi per disgregare il mondo valdese. A questo fine pubblicò opere polemiche d'indubbio valore, inoltre fece costruire la nuova chiesa e priorato mauriziano a Torre Pellice e potenziare l'Ospizio dei catecumeni a Pinerolo.

Da parte loro i Valdesi sperimentarono l'attiva amicizia di alcuni personaggi stranieri la cui

91. *Foto di classe conservata nella scuola di Borgata Pellenghi a Pramollo*

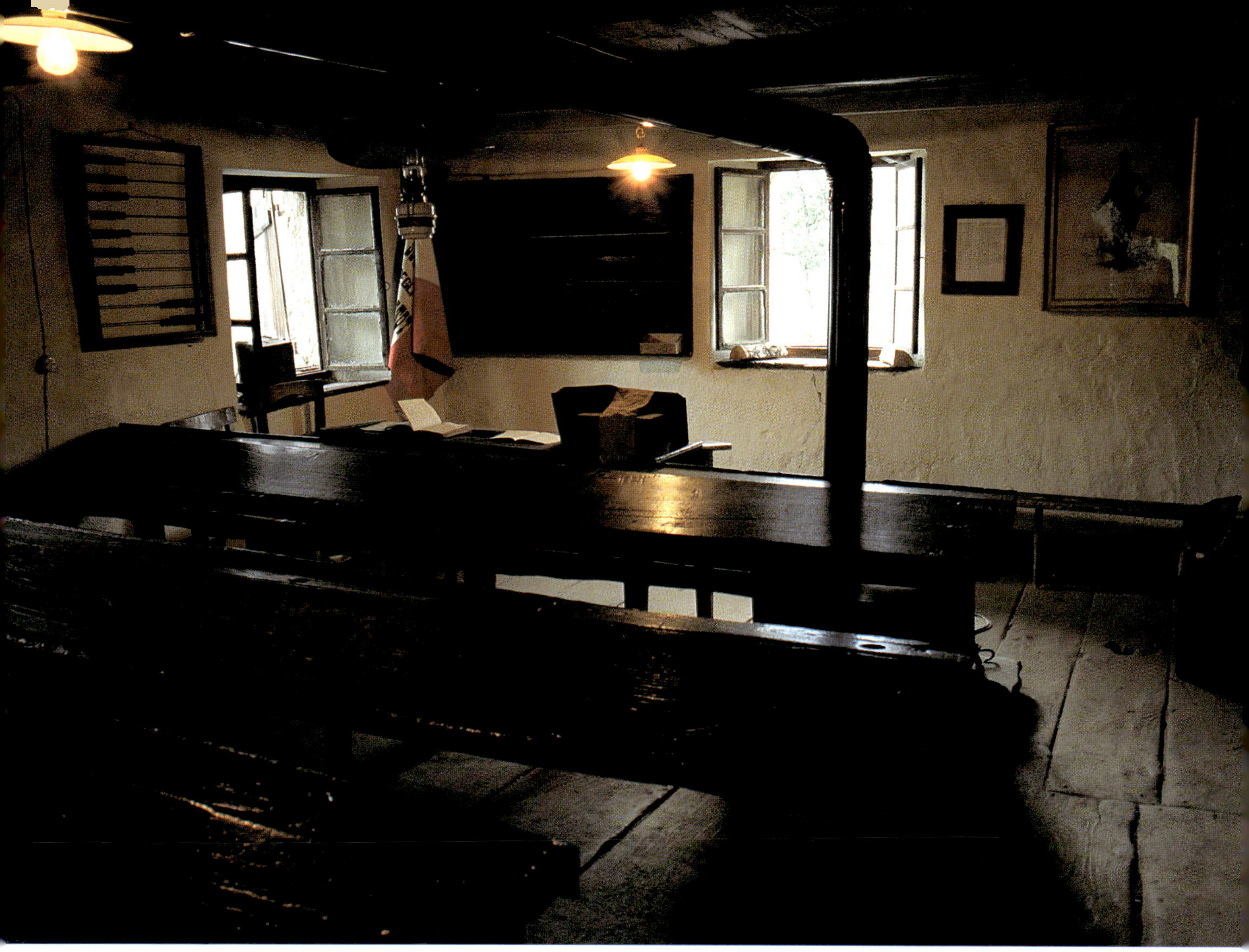

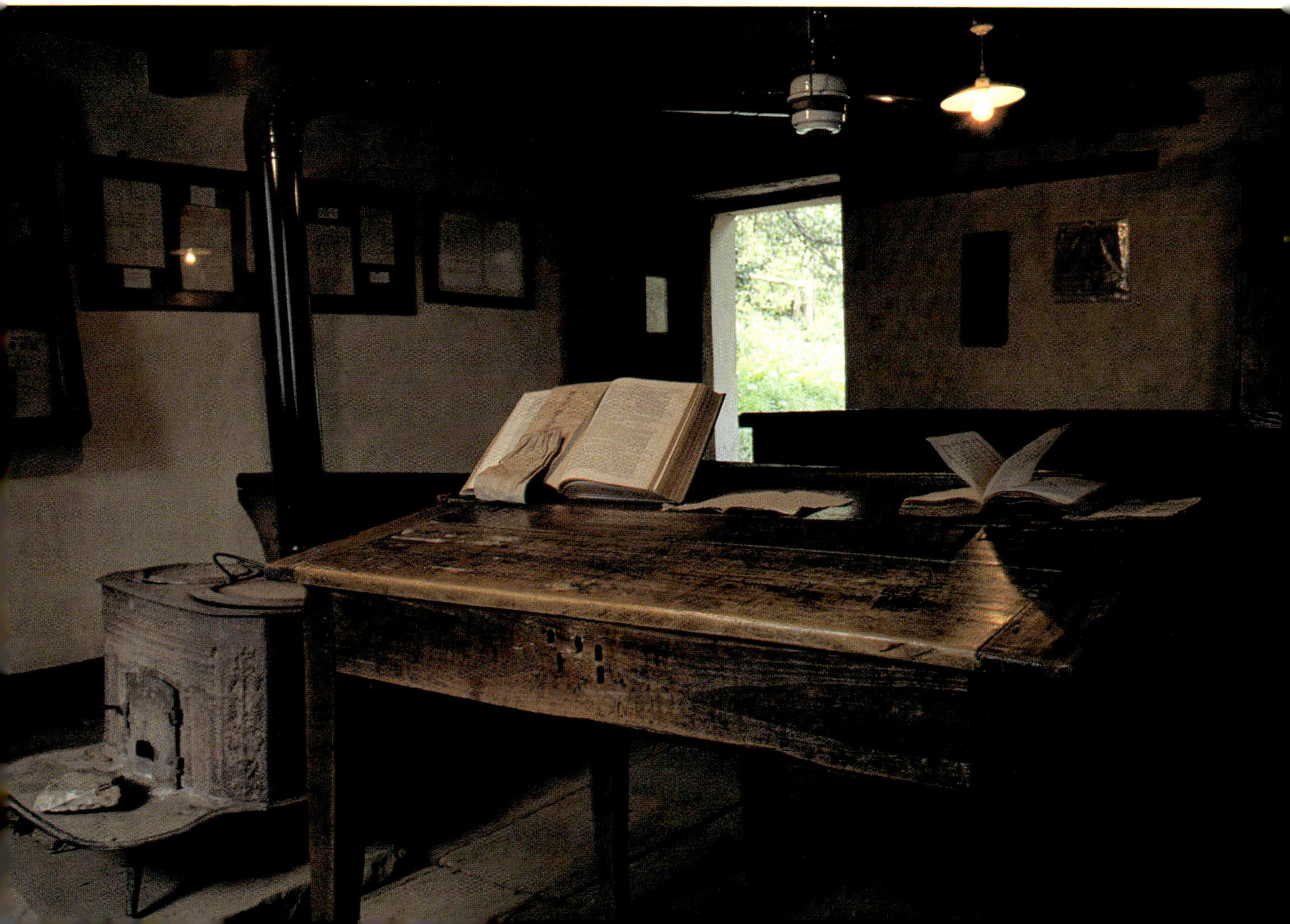

*Falò di gioia accesi in tutta la valle per festeggiare
la libertà di culto concessa da Carlo Alberto*

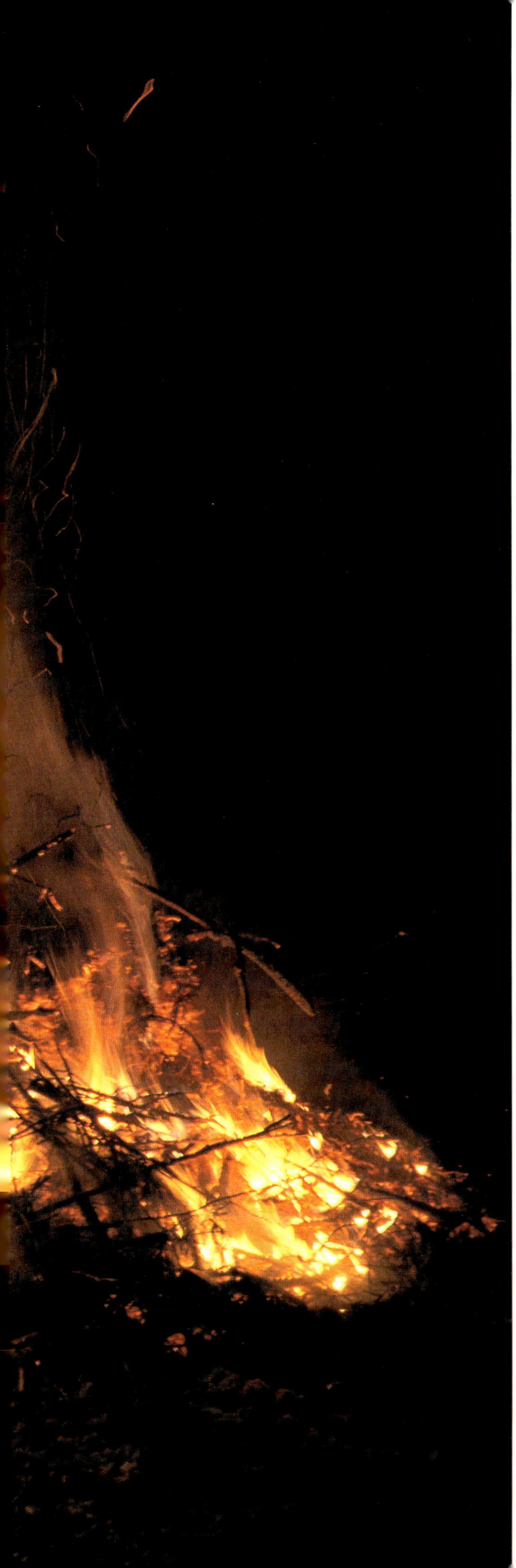
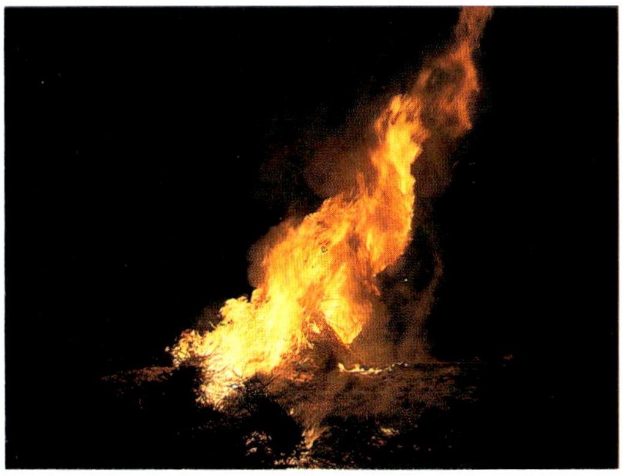
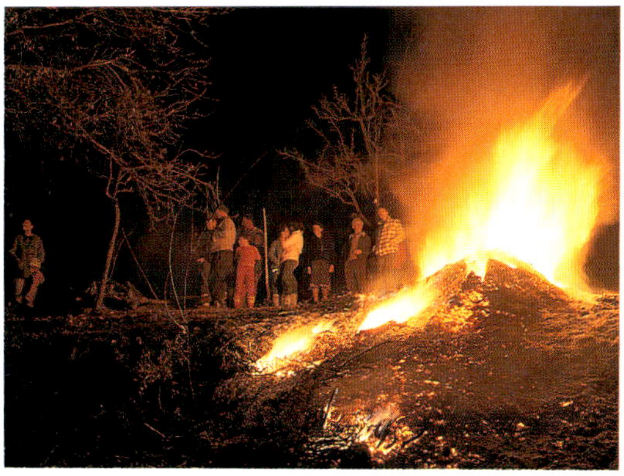
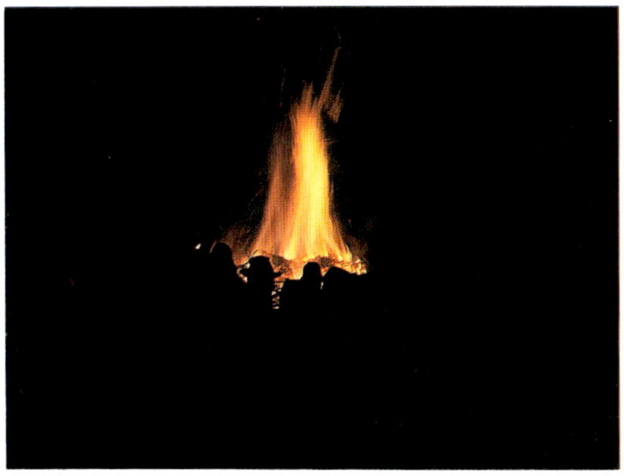

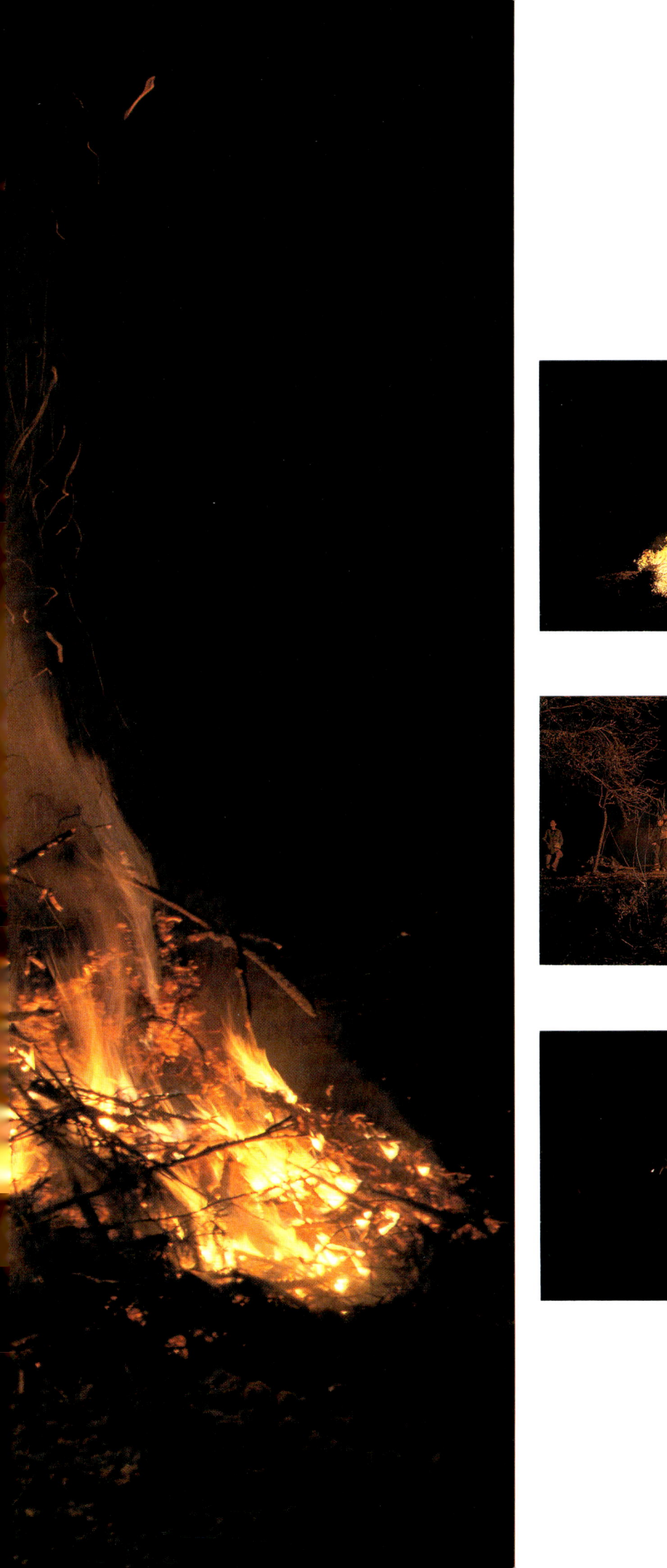

azione ebbe per loro conseguenze importanti. A Torino l'ambasciatore di Prussia, Waldburg-Truchsess, prese a cuore la sorte dei Valdesi e intervenne in loro favore più di una volta presso il governo. Dal 1829 fu cappellano dell'ambasciata un pastore valdese. In questo modo divenne possibile l'esercizio del culto per la numerosa colonia di protestanti stranieri stabiliti a Torino, ma anche per i circa 200 Valdesi che ormai vi abitavano. Dall'Inghilterra vennero in visita alle Valli, fra gli altri, il diplomatico William Allen, il prelato anglicano Stephen Gilly e il generale Charles Beckwith. Gilly fu il fondatore del "Collegio" in cui per decenni poté formarsi la classe dirigente valdese. Fu inoltre un suo libro ad attrarre sui Valdesi l'attenzione di Beckwith. Questi, un militare la cui carriera era stata interrotta a Waterloo dalla perdita di una gamba, dal 1834 dedicò tutto se stesso a sostenere le sorti dei Valdesi. Li aiutò con i consigli, con le sue larghe disponibilità economiche, con l'attivo intervento in varie questioni. Soprattutto fece in modo di liberare il più possibile i Valdesi dall'analfabetismo, promuovendo la ricostruzione e l'attivazione di locali per l'insegnamento elementare in ogni borgata delle Valli. Queste "scuole Beckwith", nel 1848, raggiungevano oramai il numero di 169.

Proprio gli avvenimenti di quell'anno dimostrarono quanto positivo fosse stato il processo di promozione culturale ed economico svolto dopo il 1815 fra i Valdesi dai benefattori. È noto come, fra le parole d'ordine dei moti del '48, ci fosse anche quella della tolleranza e libertà confessionale. A Torino ci furono vivaci pressioni in tal senso da parte dei capi liberali, e in particolare di Roberto d'Azeglio, sul tentennante Carlo Alberto. All'annuncio dello Statuto (8 febbraio), seguì il 24 la pubblicazione delle "lettere patenti" datate 17 febbraio 1848, grazie alle quali "i Valdesi sono ammessi a godere di tutti i diritti civili e politici de' nostri sudditi". La notizia, comunicata alle Valli lo stesso 24 febbraio, veniva prontamente festeggiata con assemblee, banchetti, discorsi e soprattutto con falò di gioia sui monti. E la domenica successiva, 27 febbraio, a capo di un corteo che sfilava a Torino per solennizzare lo Statuto, era un gruppo di 600 Valdesi recanti uno stendardo azzurro con la scritta "A Carlo Alberto i Valdesi riconoscenti".

L'anno dopo, lo sconfitto sovrano uscirà dall'orizzonte della politica italiana, ma il rientro dei Valdesi nella vita della comunità civile risulterà, malgrado ulteriori vicissitudini, irreversibile.

5. DALL'"EMANCIPAZIONE" ALLA RESISTENZA (1848-1945)

La lunga e aspra vicenda delle lotte per conservare la fede e in pari tempo sopravvivere nelle Valli aveva portato i Valdesi a identificare la loro Chiesa con la loro piccola "patria".

Tale identificazione venne ben presto messa in discussione dall'evento della "emancipazione", anzi già in precedenza, quando questo evento cominciò ad apparire prossimo. Soprattutto l'*élite* di pastori e di altri intellettuali che erano alla guida delle comunità intese fermamente inserirsi nella vita, prima dello stato sabaudo, poi dell'Italia unita. In tale direzione i Valdesi vennero esortati dallo stesso Beckwith, che nel gennaio 1848 in una lettera a un pastore affermava: "D'ora innanzi, o siete missionari, o non sarete nulla".

La Chiesa valdese si assunse dunque il compito di portare fuori delle Valli il messaggio della Riforma, e tale compito venne definito come "evangelizzazione". Questo avvenne fra molte e forti tensioni. Anzitutto la tensione interna all'ambiente valdese, fra coloro che credevano al compito dell'evangelizzazione e coloro che si attendevano dalla Chiesa semplicemente la "cura d'anime".

99. *Versetto scolpito su un masso in Val Pellice*

Poi altre tensioni maturarono specialmente nel primo decennio dopo lo Statuto, ma anche in seguito, fra "evangelizzatori" da un lato, clero, cattolici e autorità civili dall'altro, poiché le disposizioni di Carlo Alberto erano molto limitative circa la possibilità di espansione confessionale. L'art. 1 dello Statuto diceva: "La Religione Cattolica Apostolica e Romana è la sola Religione dello Stato. Gli altri culti ora esistenti sono tollerati conformemente alle leggi", mentre nelle Patenti del 17 febbraio si diceva dei Valdesi: "nulla è innovato quanto all'esercizio del loro culto ed alle scuole da essi dirette". Quindi per la propaganda confessionale e la formazione di nuove comunità fuori delle Valli, fu necessario che la portata di tali norme venisse di fatto molto allargata. In ciò un aiuto essenziale venne dalla classe liberale di governo del Piemonte poi dell'Italia, a partire dallo stesso Cavour.

Infine un terzo ordine di tensioni si ebbe fra i Valdesi e i gruppi protestanti spontanei che cominciarono a sorgere prima in Piemonte poi in Italia, per lo più animati da ex preti e da esponenti democratici e garibaldini, in seguito sostenuti da "missioni" protestanti straniere, come i Metodisti o i Battisti. Sebbene i gruppi protestanti in Italia fossero una così piccola minoranza, non mancarono fra loro contrasti e spirito di concorrenza.

Comunque l'espansione dell'organizzazione ecclesiastica valdese, avviata nel 1849 con la costituzione della parrocchia di Torino, andò avanti fino al 1870 abbastanza rapidamente, seguendo il processo di unificazione nazionale. In talune città vennero inglobati i gruppi evangelici di origine straniera, altrove frazioni dei suddetti gruppi spontanei. In altri casi le comunità nacquero dallo zelo di singoli predicatori, o dal raggruppamento di famiglie emigrate dalle Valli. Per coordinare le nuove comunità sparse sul territorio nazionale venne costituito nel 1860 un organismo amministrativo distinto da quello antico e tradizionale, detto la "Tavola valdese", cui rimasero affidate le chiese delle Valli. Il nuovo organismo fu denominato "Commissione (poi Comitato) di evangelizzazione". Inoltre nel 1855 era stata fondata a Torre Pellice una facoltà di Teologia, e a Torino una casa editrice, la "Claudiana". Nel 1861, per rafforzare l'italianizzazione della Chiesa, furono trasferite entrambe a Firenze. In seguito la Facoltà teologica fu trasferita a Roma (1922) dov'è tuttora attiva, mentre l'editrice Claudiana è attualmente a Torino. L'assemblea dirigente della Chiesa valdese, costituita dai pastori e dai delegati laici delle comunità, è il Sinodo, che un tempo si riuniva annualmente in diverse parrocchie delle Valli, e dal 1865 si è sempre riunito a Torre Pellice. Gli esecutivi espressi dal Sinodo, la Tavola e il Comitato di evangelizzazione, nel 1915 vennero uniti nella sola Tavola, che pochi anni dopo trasferì i suoi uffici a Roma. Nel 1948, a 100 anni dall'emancipazione, i gruppi valdesi italiani fuori delle Valli erano un'ottantina; alla stessa epoca, una statistica della "popolazione valdese" contava, sempre fuori delle Valli, circa 14.000 componenti, mentre nella zona alpina erano passati da 22.000 (1844) a 16.000.

È evidente che sin d'allora si era verificato un vasto movimento di emigrazione. Esso fu diretto in parte dalle alte valli verso il fondovalle, in relazione al processo di industrializzazione; in parte verso Torino e altre città italiane. Ma il quoziente più massiccio di emigrazione si diresse all'estero, particolarmente in Francia, grazie alla sua vicinanza geografica e culturale. Fuori d'Italia — salvo che a Nizza e in alcune città svizzere, dove vennero costituite alcune parrocchie valdesi — l'emigrazione equivalse alla dispersione e al distacco dalle comunità originarie. Per contro, a partire dal 1856, ci fu una corrente d'emigrazione "guidata" dai pastori, che portò numerose famiglie a stanziarsi nell'Uruguay e in alcune zone settentrionali dell'Argentina.

In quell'area dell'America latina i coloni valdesi fondarono anche alcune cittadine. Vi si costituì una sezione ("distretto") della Chiesa valdese, con una cinquantina di comunità che rimasero e rimangono tuttora in rapporti fraterni con la Chiesa originaria, e una "popolazione valdese" che nel 1948 veniva calcolata attorno alle 15.000 persone. Dal 1964 l'amministrazione ecclesiastica sudamericana è stata sdoppiata, con una distinta sessione del Sinodo e una propria Tavola ("Mesa"). Anche negli Stati Uniti l'emigrazione valdese, numerosa e in gran parte dispersa, contò per un certo periodo su alcuni nuclei compatti. Il più importante di questi, tuttora in rapporti con i Valdesi d'Italia, fondò nel 1893 la cittadina denominata Valdese (Carolina del Sud). Quella comunità è attualmente aggregata alla Chiesa presbiteriana, mentre a New York esiste una comunità dipendente dalla Tavola.

Da quando ottennero nel 1848 i diritti politici, fin dopo la guerra mondiale del 1915-18 (in cui furono numerosi i caduti valdesi, inquadrati nelle truppe alpine), i Valdesi e la loro classe dirigente si mantennero nella loro grande maggioranza favorevoli all'indirizzo liberale. Il fascismo dopo la sua ascesa s'impose nelle Valli con le consuete sopraffazioni. La borghesia valdese s'inserì, senza entusiasmi ma anche senza particolari resistenze — salvo alcuni casi, per lo più d'intellettuali — nella situazione creata dal regime. Nel 1929 la dirigenza ecclesiastica apprezzò l'emanazione, dopo il Concordato, della *Legge sui culti ammessi dallo Stato*. Infatti questa migliorava in apparenza la semplice "tolleranza" proclamata nel 1848 dallo Statuto sabaudo. In realtà questa legge risultò nella sostanza e nei criteri d'applicazione uno strumento di controllo e di oppressione dei pur modesti gruppi non cattolici italiani. Negli anni trenta il regime, ormai proiettato verso la guerra, cominciò a considerare con crescente sospetto la "diversità" dei Valdesi e la loro freddezza nei suoi confronti, che nelle giovani generazioni d'intellettuali prendeva la forma dell'opposizione. Perciò a quell'epoca venne perseguito nelle Valli un indirizzo di esclusione da qualsiasi carica pubblica degli appartenenti alla Chiesa valdese.

Nella seconda guerra mondiale, per un brevissimo periodo iniziale le Valli valdesi si trovarono a far parte del fronte bellico: dal 10 giugno 1940, data della dichiarazione di guerra, al 24 dello stesso mese, quando venne firmato l'armistizio con la Francia. Fu l'ingloriosa campagna ricordata come "coltellata nella schiena" del paese vicino già piegato dall'invasione tedesca. Per il periodo seguente, fino all'8 settembre 1943, le sofferenze degli abitanti delle Valli furono le stesse degli altri italiani.

I grandi bombardamenti di Torino, iniziati verso la fine del 1942, riempirono le Valli di sfollati, fra cui vi erano sia Valdesi scesi in città che ritornavano al luogo d'origine, sia torinesi che ben poco sapevano del mondo valdese ed entravano in tal modo per la prima volta in contatto con esso. In quel periodo la popolazione di Torre Pellice, da circa 5.000, salì ad oltre 7.000 abitanti.

È importante notare che fra coloro che si stabilirono a Torre Pellice in quel periodo c'erano numerosi antifascisti che già stavano predisponendo le basi per una futura attività di lotta.

Si trattava di dirigenti del Partito d'Azione, che saranno in seguito fra i capi della Resistenza: Franco Venturi, Mario Andreis, Giorgio Agosti, per citarne alcuni.

D'altra parte nella stessa Torre Pellice un'attività di formazione e orientamento antifascista, sia sugli studenti, sia su contadini e operai, veniva attuata da tempo, e venne intensificata all'inizio del 1943, da esponenti locali. Fu particolarmente efficace l'attività, nel Collegio valdese, del pastore (con mansioni di professor) Francesco Lo Bue e di Jacopo Lombardini, un anziano repubblicano carrarese che aveva aderito alla Chiesa valdese. Principale tramite di collegamento fra gli antifascisti locali e quelli giunti dall'esterno fu il prof. Mario Alberto Rollier, docente al Politecnico di Milano, che aveva casa a Torre Pellice ed era anch'egli fra i dirigenti del Partito d'Azione. Egli era inoltre esponente, nell'ambito valdese, di quel gruppo di pastori e di laici che propugnava-

101. *Aula Sinodale*

100. *Ingresso al Sinodo*

no un rinnovamento dottrinale ispirato all'insegnamento del teologo svizzero Karl Barth.

Tutto ciò contribuisce a spiegare come, subito dopo l'armistizio dell'8 settembre 1943, la Val Pellice divenne rapidamente una delle prime zone in cui la Resistenza, da cospirazione clandestina, si organizzò nel movimento armato partigiano.

Già la sera del 9 settembre l'esecutivo del Partito d'Azione piemontese decise di trasferirsi a Torre Pellice. Nei giorni seguenti le armi abbandonate nelle caserme vennero prelevate dai partigiani e nascoste in montagna. Nelle settimane seguenti vi furono le prime azioni di lotta e all'inizio del 1944 la Valle era fra le zone in cui più numerosa e organizzata era la presenza delle formazioni partigiane che si estesero efficacemente anche nella zona di Pramollo e nella Val Germanasca.

I feroci rastrellamenti nazifascisti del marzo-aprile 1944 e del successivo agosto fecero molte vittime, e causarono incendi e distruzioni costringendo i partigiani, talvolta dopo aspri combattimenti, a ripiegare in luoghi sicuri e in seguito a seguire la strategia della lotta in pianura, che consentì ai loro reparti di sopravvivere e di organizzarsi in vista della fase conclusiva della lotta di liberazione.

La questione del rapporto fra il forte sviluppo del movimento di Resistenza nelle Valli e il

SII FEDELE FINO ALLA MORTE.

1689 — 1939

NOI GIVRIAMO E PROMETTIAMO AL COSPETTO
DELL'IDDIO VIVENTE DI MANTENERE TRA NOI
L'VNIONE E L'ORDINE. GIVRIAMO FEDELTÀ FINO
ALL'VLTIMA GOCCIA DEL NOSTRO SANGVE

102. *Monumento donato dai Valdesi del Sud America
ai confratelli delle Valli*

mondo valdese è stata molto dibattuta. Indubbiamente non fu un caso se buona parte dei militanti e dei principali dirigenti partigiani delle Valli furono appartenenti al mondo valdese; fra loro vi furono martiri della lotta antifascista come Willy Jervis, impiccato a Villar Pellice e Jacopo Lombardini, morto in campo di concentramento; dirigenti di prestigio come i fratelli Malan, Poluccio Favout, Ettore Serafino; inoltre nel comando generale in Lombardia, lo stesso Rollier e Gustavo Ribet; vi furono anche pastori impegnati fra i partigiani come Arnaldo Genre e Francesco Lo Bue. Si può dire in generale che questi e numerosi altri esponenti della Resistenza manifestarono la coscienza di una correlazione fra la loro formazione valdese e l'impegno politico-militare. Inoltre è certo che la scelta di militare nelle formazioni GL, espressione del Partito d'Azione (mentre nelle zone vicine prevalevano formazioni garibaldine o autonome) era consona all'animo dei Valdesi e alla loro idealità.

Il comportamento ufficiale della struttura ecclesiastica valdese s'ispirò a grande cautela (considerate anche le sofferenze della popolazione e il rischio corso dai numerosi ebrei che si erano rifugiati nelle Valli e avevano trovato affettuosa accoglienza) e ciò provocò, allora e in seguito, polemiche sul dovere o meno della Chiesa di schierarsi sul piano politico. In sostanza veniva messa in discussione la concezione teologica liberale di netta distinzione fra il piano politico e quello religioso che era prevalsa fino a quel momento nella Chiesa valdese. Già da qualche anno era al centro di polemiche fomentate dal gruppo dei seguaci di Barth. Come fra poco vedremo, questo tema ha avuto notevole influsso sulle vicende valdesi del dopoguerra.

Intanto un presagio della futura evoluzione del mondo valdese fu la diffusa adesione alle idee federaliste (la costituzione del Movimento Federalista Europeo avvenne il 27-28 agosto 1943 in casa di Rollier a Milano) e al principio delle autonomie regionali. Queste furono propugnate nel convegno del 19 dicembre 1943 a Chivasso fra esponenti valdesi (M. A. Rollier, G. Peyronel, O. Coisson e G. Malan) e valdostani (E. Chanoux ed E. Page), che fu determinante per la successiva attribuzione dell'autonomia alla Val d'Aosta.

6. DAL DOPOGUERRA ALL'INTESA CON LO STATO ITALIANO (1945-1984)

Il liberalismo politico, che aveva dominato l'Italia fino alla prima guerra mondiale, aveva offerto larghe aperture alla Chiesa valdese e in genere ai protestanti italiani: quindi essi la sottintendevano come quadro esterno della loro attività, mentre al loro interno si erano ispirati al liberalismo teologico, che presupponeva una spontanea corrispondenza fra il messaggio cristiano e le esigenze religiose naturali e individuali. Queste due accezioni del liberalismo, fra loro correlate, erano però entrate in crisi già nel periodo fra le due guerre. Sul piano politico la crisi del liberalismo si era manifestata con l'avvento del fascismo e degli altri totalitarismi europei. Sul piano teologico la rigorosa lettura del messaggio biblico attuata da Karl Barth e dai suoi seguaci ne aveva dimostrato il carattere non complementare, ma antagonista rispetto all'ottimismo umano dei liberali.

Alla fine della guerra la Chiesa valdese avvertiva dunque l'esigenza di un profondo rinnovamento. D'altra parte lo sviluppo della situazione politica italiana fra il 1945 e il 1948 aveva delineato un quadro nuovo, talvolta assai poco favorevole alle speranze degli evangelici italiani. Le grandi affermazioni delle forze cattoliche da un lato e socialcomuniste dall'altro, avevano infatti ridotto a poca cosa lo spazio delle tradizionali forze laiche. Per di più i nuovi grandi protagonisti della politica italiana, DC e PCI, si erano accordati sull'art. 7 della Costituzione, che inseriva in essa il Concordato fascista del 1929. Malgrado le proclamazioni di principio, questo fatto comportò per vari anni la conferma di molte norme restrittive della libertà religiosa, introdotte dal fascismo. Quindi, per circa un decennio, gli evangelici italiani furono esposti a frequenti angherie e alla netta emarginazione dalla vita nazionale.

La situazione esterna indusse fra l'altro i protestanti italiani a cercare d'invertire il processo di frazionamento. Sin dal 1946 venne costituito fra la Chiesa valdese e le altre principali chiese evangeliche italiane un "Consiglio federale", che nel 1967 si trasformò in Federazione delle Chiese evangeliche in Italia facente parte del World Council of Churches, "Consiglio ecumenico delle Chiese". Quest'ultimo, con sede a Ginevra, è stato costituito nel 1948 come centro di coordinamento del protestantesimo mondiale e raggruppa circa 150 chiese, per lo più protestanti, oltre ad alcune chiese ortodosse, tiene periodici congressi mondiali, ha contatti ufficiali con la Chiesa cattolica, comprende numerose chiese protestanti del terzo mondo. È diventato un organismo molto autorevole sul piano dell'opinione pubblica internazionale.

Mentre si preoccupava in tal modo della sua situazione esterna, la Chiesa valdese attuava anche un serio sforzo di rinnovamento interno. Essa riconosceva pur sempre come suo compito fondamentale l'annuncio della parola dell'Evangelo, senza cancellare quanto c'era di valido in passato, ma adeguandosi alle esigenze dei nuovi tempi.

Questo comportava un aperto colloquio con le più diverse correnti della vita culturale e sociale contemporanea, sia italiane, sia straniere. Uno strumento di grande efficacia a questo scopo è stata l'apertura del centro ecumenico internazionale di *Agàpe*. Costruito a Prali fra il 1947 e il 1953, il centro di Agàpe ha ospitato in 40 anni innumerevoli convegni intesi ad approfondire temi di attualità mondiale, posti a confronto con l'insegnamento evangelico di Valdo e dei suoi seguaci. Fra varie iniziative sono in particolare da menzionare il "Servizio cristiano" di Riesi, in Sicilia, attuato nel 1961 dallo stesso gruppo fondatore di Agàpe di cui è stato animatore il pastore Tullio Vinay; la "comune" e la scuola "Jacopo Lombardini" di Cinisello Balsamo, il centro scolastico della Noce, a Palermo, che raccoglie centinaia di allievi.

Accanto a queste iniziative, la Chiesa valdese esplica la sua attività con numerose opere di

103. Il centro di Agàpe a Prali (pagine seguenti)

carattere più tradizionale (enti culturali, periodici, librerie, centri giovanili, convitti, orfanotrofi, ospedali, ricoveri per anziani, case per vacanze, ecc.).

La sostanza del rinnovamento ricercato anche attraverso questa serie di iniziative si è potuta constatare all'interno della vita ecclesiastica, nelle singole comunità e nel Sinodo. Le fasi principali attraversate dalla storia italiana nel quarantennio del dopoguerra hanno visto la costante partecipazione dei Valdesi; questo è avvenuto sia nella predicazione dei pastori, sia nei dibattiti fra i giovani e fra i membri di chiesa. Al difficile decennio costituito dagli anni cinquanta è seguita negli anni sessanta la nuova vivacità della società italiana trasformata dal cosiddetto *boom* economico. In quegli stessi anni la vita religiosa in Italia ha conosciuto la potente scossa impressa alla Chiesa cattolica dal Concilio Ecumenico Vaticano II, seguito da un sensibile mutamento di atteggiamenti della Chiesa cattolica nei confronti dei Protestanti a livello sia di vertice, sia di base. È diventata da allora frequente e normale l'attuazione di incontri e di iniziative comuni fra personalità e comunità evangeliche e cattoliche.

Nell'ambito cattolico tuttavia, dopo il Concilio, si è molto allargato un fenomeno che si era già manifestato in precedenza, quello cioè del cosiddetto "dissenso cattolico", che ha allargato gli indirizzi innovatori. Si è così consolidato un movimento con molteplici espressioni, che i Valdesi hanno condiviso fino a dimostrare simpatia e spirito di collaborazione specialmente con i "Cristiani di base", fra l'altro pubblicando anche in comune con essi il periodico "COM — Nuovi tempi".

Una brusca spinta innovatrice nell'ambito interno valdese è stata costituita dal 1968 e per buona parte degli anni settanta dall'ondata di agitazioni specialmente del mondo studentesco e operaio verificatasi in quell'epoca in Italia come in tutto il mondo occidentale. Dopo il periodo "caldo" delle contestazioni, anche dopo il ritorno a una vita ecclesiale pacificata, si è verificato uno spostamento a sinistra nella partecipazione alla politica del mondo valdese, specialmente dei pastori e della parte più giovane del laicato. Dal 1976 ciò ha determinato la formazione di una corrente minoritaria, critica verso tale tendenza, sfavorevole verso le connessioni fra fede e politica e incline a un più tradizionale spiritualismo, che si è denominata "Testimonianza evangelica valdese" (TEV). Vi è stata quindi in ambito valdese una forma di dissenso in direzione in certo modo inversa rispetto al dissenso cattolico, tuttavia con differenziazioni relativamente tenui e in uno spirito di reciproca tolleranza.

Compatto era stato comunque l'atteggiamento valdese sia a favore del divorzio (in occasione del referendum del 1974), sia a favore delle rivendicazioni femministe. In particolare è stato sancito dal 1962 l'accesso delle donne al ministero pastorale e da allora si sono avute con frequenza crescente consacrazioni di donne pastori. Concorde e ricco d'iniziative, negli ultimi anni, è stato pure lo sforzo di partecipazione alle iniziative contro la droga e in difesa dei valori ambientali ed ecologici.

Un tema dibattuto di recente, specialmente ad Agàpe, è stata l'apertura alle rivendicazioni degli omosessuali, a cui gli ambienti valdesi tradizionalisti si mostrano contrari.

Comunque la presenza esplicita dei Valdesi e in genere degli evangelici italiani sui temi attuali della cultura nazionale ha suscitato una crescente attenzione del grande pubblico verso questo mondo un tempo chiuso e appartato. I Valdesi hanno acquisito maggior peso grazie all'unione organica con i Metodisti, decisa nel 1975 e in atto sin dagli anni ottanta, per cui le comunità valdesi e metodiste fanno capo ora congiuntamente al Sinodo e alla Tavola; pubblicano congiuntamente un settimanale, intestato "l'Eco delle Valli Valdesi" in questa zona, "La Luce" nelle altre zone. Tengono, in collaborazione con gli altri gruppi evangelici (la Chiesa Battista, la Chiesa Luterana in Italia,

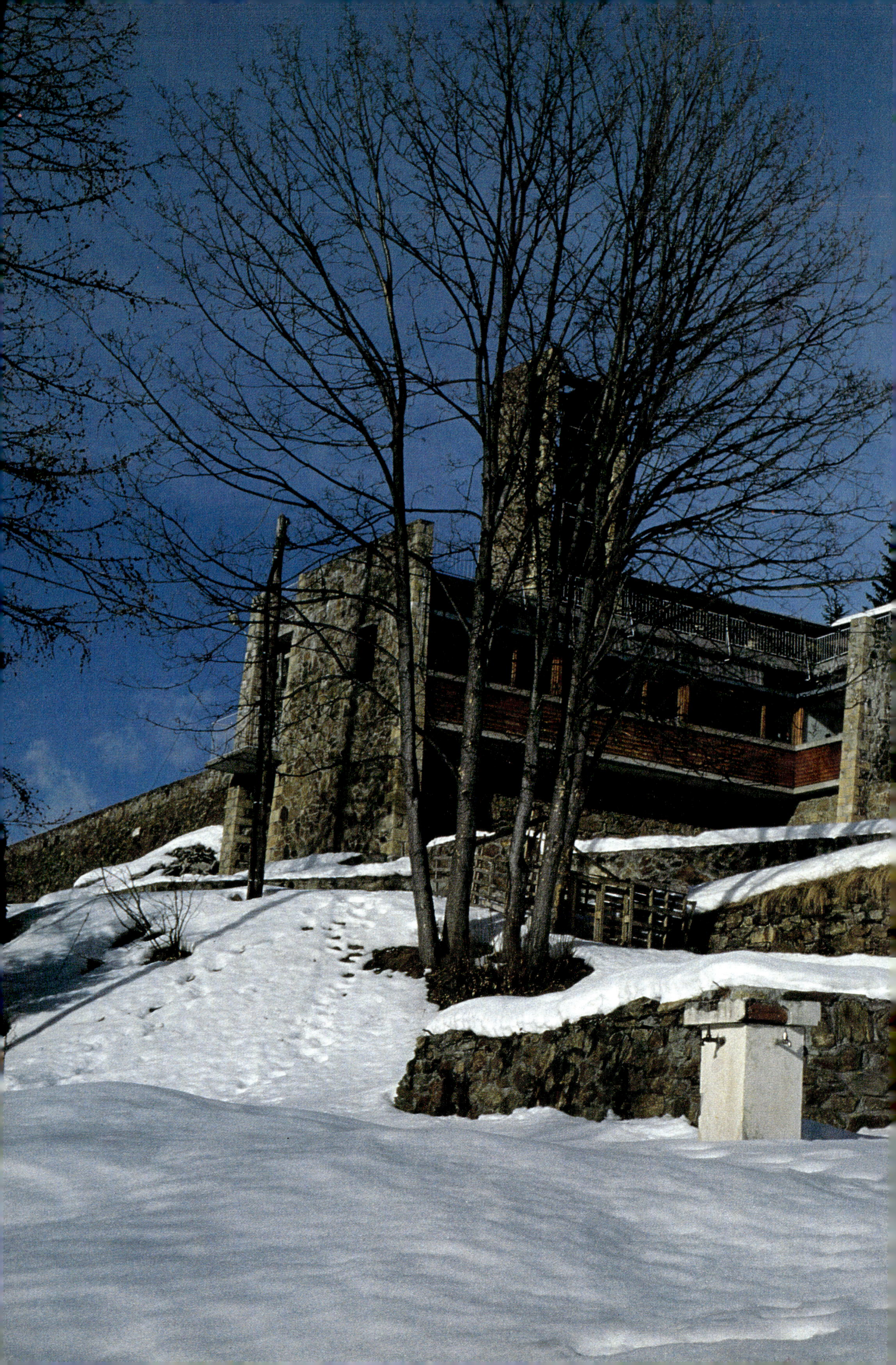

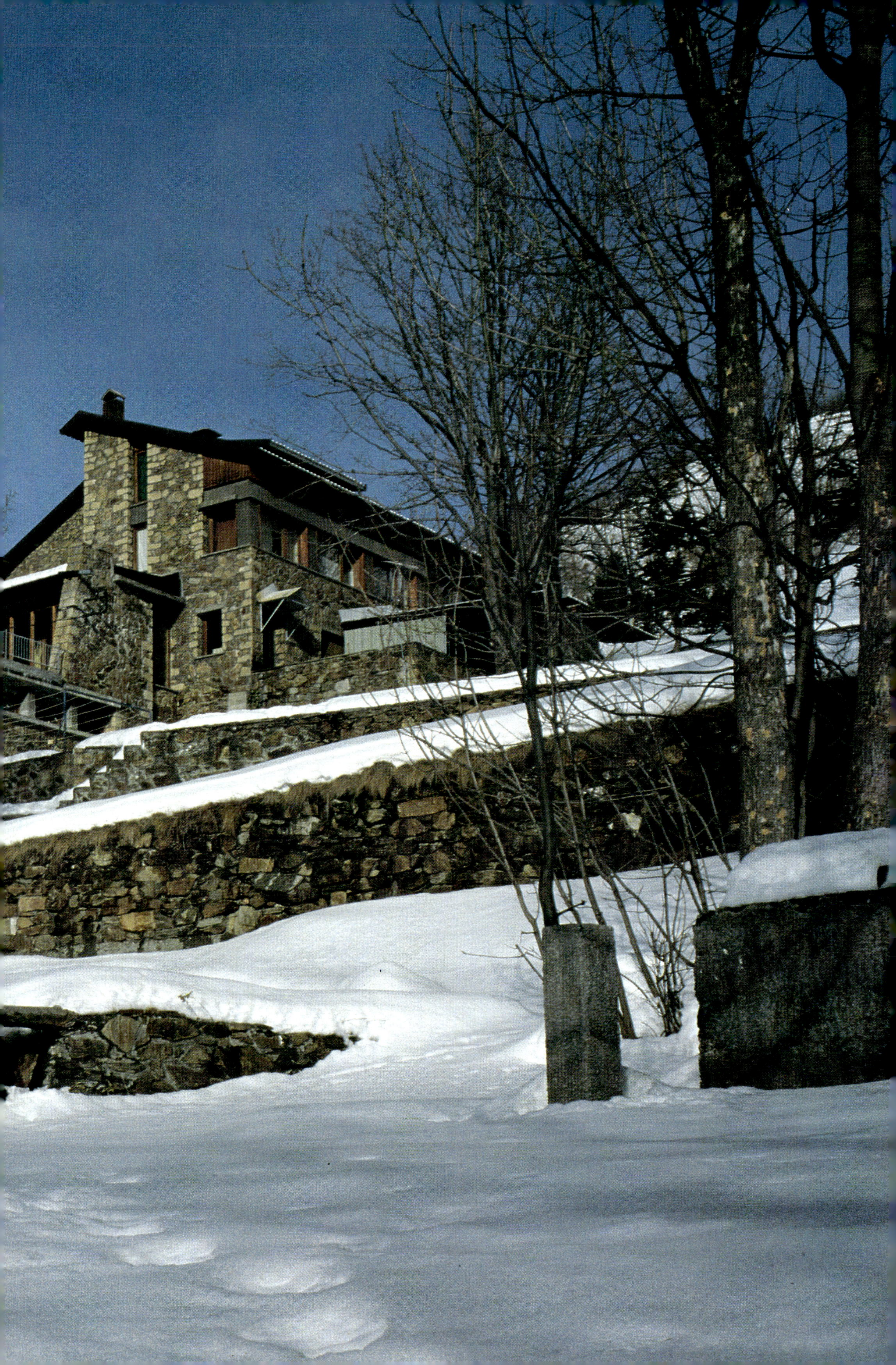

104. *Erika Tomassone, una delle donne pastore valdesi*

l'Esercito della Salvezza, e altri gruppi minori, che dal 1967 fanno capo alla Federazione delle Chiese Evangeliche in Italia), un culto radiofonico settimanale e la testata televisiva, pure settimanale, "Protestantesimo". Pubblicano il mensile teologico "Protestantesimo" e il già ricordato periodico storico "Bollettino della Società di studi valdesi". Ma in realtà una *audience* incomparabilmente più vasta viene fornita ai Valdesi, più che da questi mezzi diretti, dalla frequente e favorevole attenzione dei *mass-media* — sia della stampa quotidiana e dei rotocalchi, sia della radiotelevisione — che non mancano di dare spazio al Sinodo, alle manifestazioni e alle prese di posizione valdesi in occasione di problemi nazionali.

Si può pensare che una certa correlazione con tale favore della pubblica opinione si sia manifestata nel rapido corso che ha avuto in Parlamento l'attuazione dell'"Intesa" fra lo Stato italiano e la Tavola valdese quale rappresentante delle chiese valdesi e metodiste. Tale istituto era previsto dall'art. 8, 3° comma della Costituzione, relativo alle "confessioni religiose diverse dalla cattolica", che recita: "I loro rapporti con lo Stato sono regolati per legge sulla base di *intese* con le relative rappresentanze". Dopo lunghissime trattative e a distanza di 36 anni dalla proclamazione della Costituzione, la prima intesa del genere approvata è stata quella con la Tavola valdese.

Con ciò stesso (art. 1) è stata abrogata la legge fascista del 1929 che ancora regolava la materia.

L'articolo più importante del documento è il 2°, che "dà atto dell'autonomia e dell'indipendenza dell'ordinamento valdese". Tutti gli articoli seguenti ne dipendono, rescindendo ogni forma di tutela e contributo statale, per cui la Tavola accetta solo "la protezione... dei diritti di libertà... garantiti dalla Costituzione". Alcuni articoli regolano per legge varie questioni particolari, la posizione delle istituzioni valdesi, ecc. Siglata dai contraenti il 21 febbraio 1984, l'Intesa è stata approvata dai due rami del Parlamento nel seguente mese di agosto, diventando così, con la sua spiccata originalità, che ne fa cosa interamente diversa dal Concordato (che è un accordo di carattere internazionale, mentre l'Intesa è l'attuazione di un dettato costituzionale), il precedente giuridico delle intese successivamente instaurate fra lo Stato e altri culti non cattolici.

Questo avvenimento ha sancito il superamento da parte dei Valdesi di un'altra fase storica, meno aspra di altre, ma pure non priva d'insidie pericolose. Sarà il futuro a confermare se questo piccolo gruppo di credenti abbia ancora la ragione e la possibilità di svolgere il suo compito di annuncio del Vangelo intrapreso otto secoli or sono. Questo futuro — così pensano i Valdesi — dipende dalla loro fede: è quindi nelle mani di Dio.

105. *Meridiana sul tempio di S. Giovanni*

CAPITOLO TERZO — VITA RELIGIOSA, COSTUMI, TRADIZIONI

106. *Culto nel tempio di Ruata di Pramollo*
107. *Catecumeni nel giorno della confermazione*

1. LA CHIESA, LE COMUNITÀ, IL CULTO

Dopo aver aderito col sinodo di Chanforan del 1532 alla Riforma, i Valdesi nel 1561 strinsero fra loro il 21 gennaio 1561, al Podio (Puy) di Bobbio un "patto di unione" che vincolava le comunità della Val Luserna e quelle della Val Chisone, allora soggetta alla Francia. Esso venne poi riconfermato negli anni seguenti, esteso ai riformati del marchesato di Saluzzo, riformulato nel 1571 e confermato nel 1647 e nel 1658. A questi antichi precedenti si è riferita la "Disciplina generale delle Chiese evangeliche valdesi" (approvata nel 1973-74), quindi il "Patto d'integrazione" fra le Chiese valdesi e metodiste (1974-75).

Da questi ultimi documenti risulta l'organizzazione ecclesiastica valdese-metodista quale attualmente si presenta. La sua massima istanza, come si è già accennato, è il Sinodo, "assemblea nella quale le singole chiese locali ... manifestano la loro unità di fede e di disciplina". Il Sinodo elegge l'organo preposto all'amministrazione, la Tavola, composta dal moderatore, dal vicemoderatore e da un numero di componenti fissato dai regolamenti di zona.

A loro volta le chiese locali sono raggruppate in circoscrizioni territoriali: i "circuiti" (nel numero complessivo di 16) e questi in "distretti" (nel numero complessivo di 4). Le chiese delle Valli valdesi formano nel loro insieme il I Distretto, diviso in tre circuiti (Val Pellice, Val Chisone, e Val Germanasca).

Nelle chiese locali, chi possiede le idonee qualifiche e ne fa domanda diventa membro elettore; prende parte alle riunioni dell'assemblea di chiesa ed elegge il concistoro o consiglio di chiesa, che amministra la vita della comunità. Del Sinodo, delle commissioni preposte ai distretti e ai circuiti, e dei concistori, fanno parte, secondo apposite norme, delegati laici e pastori. Questi hanno "particolari responsabilità in ordine alla predicazione della Parola, all'evangelizzazione, all'insegnamento biblico, alla conduzione dei culti, all'amministrazione del battesimo e della cena del Signore, alla cura d'anime dei singoli fedeli". Vengono eletti da quelle chiese locali che posseggono i requisiti per essere qualificate come "chiese autonome", o nominati dalla Tavola nelle altre chiese.

La manifestazione centrale della vita di ciascuna chiesa è il culto domenicale, incentrato sulla lettura e sulla predicazione della Parola delle Scritture, nel quadro di una liturgia che comprende la confessione dei peccati, inni cantati dall'assemblea e preghiere. Nel corso del culto vengono celebrati i sacramenti riconosciuti dalla dottrina riformata: il battesimo e la cena del Signore (comunione). Questa viene somministrata ai fedeli con la distribuzione del pane e del vino, a Natale, a Pasqua, o in altre occasioni. Viene preparata con la lettura dei passi evangelici riguardanti la sua istituzione, con una preghiera e il canto di un inno. Come è noto, il significato della cena del Signore non è inteso in ambito riformato allo stesso modo che in ambito cattolico: con essa, semplicemente, "annunziamo la morte di Cristo mediante la quale Dio ha riconciliato il mondo con sé" e "confessiamo la presenza del Signore risorto tra di noi".

Il battesimo viene compiuto con acqua nel nome del Padre, del Figlio e dello Spirito Santo. Esso "viene amministrato a coloro che lo richiedono per fede e ai fanciulli su richiesta dei loro genitori". Fino a qualche anno fa questo secondo caso era praticamente senza eccezioni. Oggi è formalmente ammesso che i genitori, con libera scelta, facciano battezzare i figli piccoli o lascino che siano i figli stessi a deciderlo a suo tempo; quindi accade con una certa frequenza che il battesimo venga amministrato in età adolescenziale, a conclusione dell'istruzione religiosa. Quest'ultima avviene in due fasi: i fanciulli in età scolare frequentano la scuola domenicale, in cui ricevono una formazione primaria, poi, in genere dai 12 ai 17 anni, il catechismo. A compimento dei corsi di

AMA IL SIGNORE IDDIO TUO
CON TUTTO IL TUO CUORE
CON TUTTA L'ANIMA TUA,
CON TUTTA LA MENTE TUA
CON TUTTA LA FORZA TUA
AMA IL TUO PROSSIMO
COME TE STESSO
CANTICI
158
162
219
281
192
CANTICI
158
162
219
281
192

6

7

108. *Imposizione delle mani durante la consacrazione
dei nuovi pastori*

109. *Consacrazione dei nuovi pastori durante il culto di apertura del Sinodo*
110. *Il pastore Giorgio Tourn celebra un matrimonio nel tempio di Torre Pellice* (pagina seguente)

catechismo, coloro che intendono "confessare" la loro volontà di far parte della chiesa, lo fanno con una dichiarazione nel corso di un culto, in cui l'assemblea riconosce la loro "confermazione". Coloro invece che non sono stati battezzati da fanciulli, lo vengono in questa occasione. I giovani vengono così ammessi alla comunione e accedono quindi alla qualità di "membri comunicanti" della chiesa locale; possono quindi fare richiesta di diventare membri elettori, partecipare alle assemblee di chiesa e diventare eleggibili ai ministeri di "anziani" e "diaconi", che si esplicano nella partecipazione ai concistori e ad altre specifiche funzioni.

Accanto alla partecipazione al culto e alle assemblee è aperta ai membri di chiesa la partecipazione ad attività settoriali. I giovani sono invitati a far parte dei gruppi di attività giovanile che hanno come organo nazionale di collegamento la FGEI (Federazione giovanile evangelica italiana). Per "lo sviluppo della posizione della donna nella chiesa e nella società" sono attive le unioni femminili, coordinate dalla FFEVM (Federazione femminile evangelica valdese e metodista"). Altra attività settoriale, aperta a quanti desiderano collaborare alla predicazione, dopo appositi corsi, è quella delle persone raggruppate nell'UPL (Unione predicatori locali).

La preparazione al ministero pastorale è affidata alla Facoltà valdese di teologia, la quale svol-

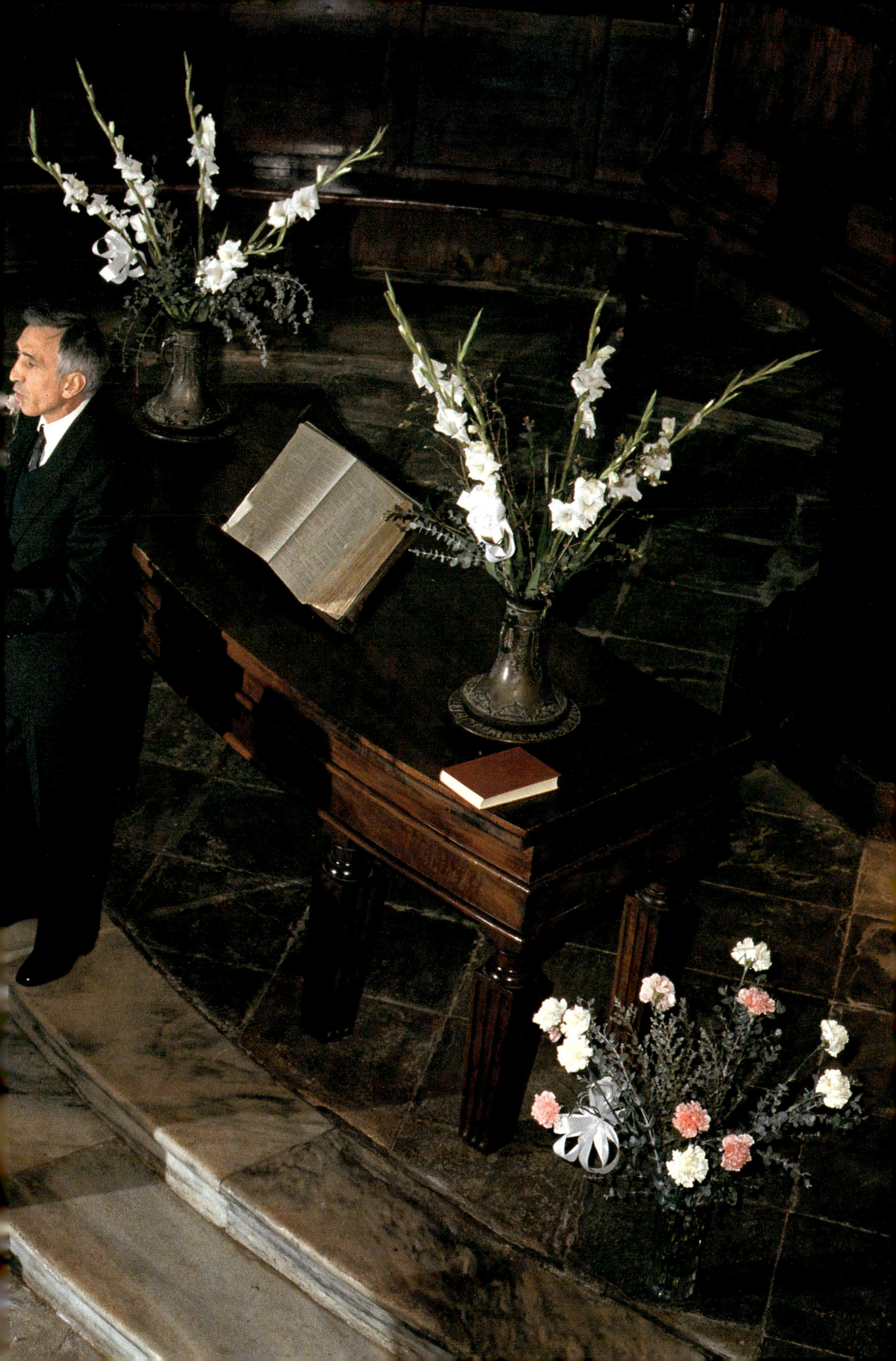

111. *Aula dal Sinodo, affrescata dal pittore Paolo Paschetto*

ge corsi relativi alle 14 materie fondamentali (dall'ebraico alla teologia pratica) che durano 4 anni, più un quinto da svolgere presso una facoltà teologica estera. La Facoltà prevede inoltre un corso di studi di tre anni, rivolto a chi desidera acquisire gli elementi essenziali per un'informazione teologica protestante. Coloro che hanno frequentato i corsi quinquennali e superato le prove finali di catechesi e di predicazione, vengono consacrati al pastorato durante il culto di apertura dell'annua sessione del Sinodo. È un culto particolarmente solenne, al quale partecipano tutti i pastori e i delegati laici che costituiranno l'assemblea sinodale, oltre a un numeroso pubblico di membri della chiesa e di altre persone attratte dall'avvenimento, che difficilmente possono trovare tutte posto nel tempio. Chi rimane fuori può comunque seguire il culto, grazie agli altoparlanti sistemati sul sagrato. Dopo la predicazione, ciascuno dei nuovi pastori pronuncia la formula della promessa di adempiere fedelmente al proprio ministero, e all'atto della consacrazione con l'imposizione delle mani, fatta dal predicatore consacrante, si associa l'intera assemblea alzando le mani.

In questa occasione, sia il pastore incaricato della predicazione sia i consacrandi non mancano mai di indossare la toga nera con le facciole bianche. Un tempo era di rigore che il pastore la indossasse quando saliva sul pulpito e in tutte le occasioni (benedizione di matrimoni, celebrazioni di funerali, ecc.) in cui svolgeva pubblicamente la sua funzione. Oggi buona parte dei pastori indossa la toga solo in occasioni di particolare solennità.

Concluso il culto d'apertura, i membri del Sinodo si riuniscono nell'aula sinodale, sita nella Casa valdese. Si tratta di una piccola aula parlamentare, ornata da un affresco del pittore Paolo Paschetto, che raffigura, sullo sfondo dei monti della Val Pellice, una grande quercia abbarbicata ad un suolo roccioso; sotto vi appaiono le parole del giuramento pronunciato a Sibaud dai Valdesi reduci dal Glorioso Rimpatrio. Nella serata stessa della domenica viene insediato il seggio della sessione sinodale (presidente, vicepresidente, segretari) e si dà l'avvio alle altre operazioni preliminari. Nella settimana seguente, dal lunedì al sabato, il Sinodo svolge i suoi lavori, con sedute antimeridiane, pomeridiane e spesso, quando occorre, serali. La falsariga dell'ordine dei lavori è costituita dall'esame di due relazioni, quella della Tavola sull'attività svolta durante l'anno e quella di un'apposita Commissione, che nelle settimane precedenti ha già svolto un esame attento e analitico su questo primo documento.

Vengono inoltre esaminate e discusse le relazioni della C.I.O.V. (la già menzionata Commissione degli Istituti Ospitalieri Valdesi), della Facoltà di teologia, della Editrice Claudiana, ecc. L'ordine dei lavori, ai quali assiste dalle gallerie e dagli appositi banchi il pubblico, si conclude con l'elezione annuale del Moderatore e della Tavola.

Normalmente viene rieletto il precedente Moderatore, fino al limite di sette anni. Fra gli ordini del giorno che vengono approvati dal Sinodo ve ne possono anche essere alcuni dedicati non solo ai problemi interni delle Chiese valdesi e metodiste, ma anche al paese (come quello votato in occasione della strage di Bologna del 2 agosto 1980, che fece grande impressione e venne commentato da tutta la stampa nazionale, la quale, unitamente alla televisione, usa oggi seguire il Sinodo).

2. LE FESTE VALDESI. IL "COSTUME VALDESE". GLI EMBLEMI

Si può dire che l'*apertura del Sinodo* costituisca di per se stessa una delle principali feste valdesi. Ha inizio col corteo che si forma, prima del culto di apertura, alla Casa valdese e procede, con in testa il predicatore e i consacrandi pastori, al vicino tempio; quindi il corteo si forma nuovamente alla fine del culto per tornare alla Casa valdese. Frattanto le numerose persone che da varie parti d'Italia e dall'estero intendono seguire i lavori, si riuniscono in un grande "the" all'aperto.

Nelle sere o nel sabato di chiusura della settimana sinodale si provvede ad organizzare una o più manifestazioni pubbliche su argomenti di attualità.

Per *Natale*, oltre al culto di cui abbiamo già parlato, viene di consueto organizzata anche una festa per i bambini, rallegrata dall'albero di Natale, da recite, piccole rappresentazioni e distribuzione di doni. Nel *periodo pasquale* ha carattere festoso la già ricordata *confermazione dei catecumeni*, che avviene solitamente nella domenica delle palme, cosicché la prima partecipazione alla Santa Cena dei nuovi membri comunicanti può avvenire la domenica di Pasqua; la tradizione delle chiese dell'alta Val Germanasca è invece di celebrare un apposito culto il Venerdì santo.

La festa oggi più tipica e cara al cuore dei Valdesi, che scorgono in essa (come in altre consuetudini e manifestazioni tuttora vive di cui parleremo in seguito) un'occasione importante per conservare e riaffermare la propria identità, è quella del *17 febbraio*, anniversario delle "lettere patenti" con cui nel 1848 vennero loro concessi i diritti civili. Il Sinodo tenuto nell'agosto di quell'anno decise che questa data sarebbe stata da allora in poi adeguatamente solennizzata considerandola un giorno festivo, "nel quale sarà celebrato il culto al fine di ringraziare Dio per il grande beneficio che, in quel giorno anniversario fu accordato ai Valdesi e al fine di perpetuare il ricordo benedetto di Carlo Alberto, il re emancipatore".

Come già era avvenuto spontaneamente la sera del 24 febbraio 1848, allorché si era diffusa la notizia del grande avvenimento e sulle alture delle Valli erano stati accesi fuochi di gioia, si usa dar inizio alla festa con l'accensione del falò, la sera del 16, in tutte le comunità, dopo avere in precedenza preparato tutto il materiale occorrente perché il fuoco si levi forte e lo si veda da lontano. I presenti trascorrono insieme la serata cantando in coro inni e melodie tradizionali. I Valdesi stabiliti a Torino, che hanno cara questa tradizione, raggiungono in gruppo una delle località delle Valli dove viene acceso il falò. Nel 1980, in occasione della mostra "Valdesi in Piemonte" organizzata nel Museo della montagna di Torino, venne per una volta acceso il falò sul Monte dei Cappuccini.

Il giorno seguente è festa nelle scuole, e al culto segue un corteo con musica e bandiere e un banchetto in cui vengono pronunciate numerose allocuzioni sulla vita e le realtà presenti della Chiesa valdese. Un tempo, quando non erano prevalse le odierne forme d'intrattenimento, gruppi filodrammatici usavano anche rappresentare drammi rievocativi della storia: una produzione di letteratura teatrale ingenua ma che ebbe la sua importanza nella vita culturale valdese.

Un'altra festa cara ai Valdesi, cui partecipano anche persone domiciliate altrove e che vengono appositamente alle Valli, è quella del *15 agosto*. Anch'essa ha origini ottocentesche, ma più antiche di quelle del 17 febbraio, in quanto radicate in tempi anteriori all'Emancipazione del '48, allorché fra i vari divieti e limitazioni vigenti per i Valdesi vi era la proibizione di lavorare durante le festività cattoliche, e quindi fra l'altro il 15 agosto, giorno dedicato all'Assunzione di Maria. Nel 1825 le Valli vennero visitate dal predicatore ginevrino Félix Neff (1798-1829), un giovane

112. *Coro di bambini durante il culto del 17 febbraio*

dedicatosi alla predicazione del "risveglio", cioè di una spiritualità cristiana più fervida e individualmente impegnata in confronto a quella tradizionale e cristallizzata delle antiche confessioni riformate. Soggiornò predicando in Val Pellice un mese soltanto, per riprendere poi la sua opera fra i protestanti delle Alpi francesi. Ma suscitò un'impressione profonda, facendo sorgere gruppi di dissidenti che praticavano la pietà e rimproveravano alla Chiesa valdese ufficiale la sua mondanizzazione e la sua infedeltà ai precetti evangelici. Tale movimento, divenuto particolarmente vivo negli anni trenta, venne in seguito riassorbito, ma furono proprio questi dissidenti che attorno al 1830 pensarono di utilizzare il riposo obbligatorio del 15 agosto per riunirsi all'aperto a pregare e a cantare insieme. Nel frattempo l'ambiente pastorale valdese evolveva, dalla mentalità razionalista di stampo settecentesco, verso lo spirito del "risveglio", e dal 1853 furono le stesse chiese valdesi a organizzare gli incontri del 15 agosto. In una località designata volta per volta, su prati in dolce pendio che consentano a numerose persone di sedere come in un teatro all'aperto, viene preparato un palco per gli oratori e un'attrezzatura per il *picnic*. Questo viene consumato nell'intervallo meridiano, mentre la mattina è occupata da un culto e il pomeriggio da interventi e messaggi vari su temi storici e di attualità, da canti e giochi di gruppo.

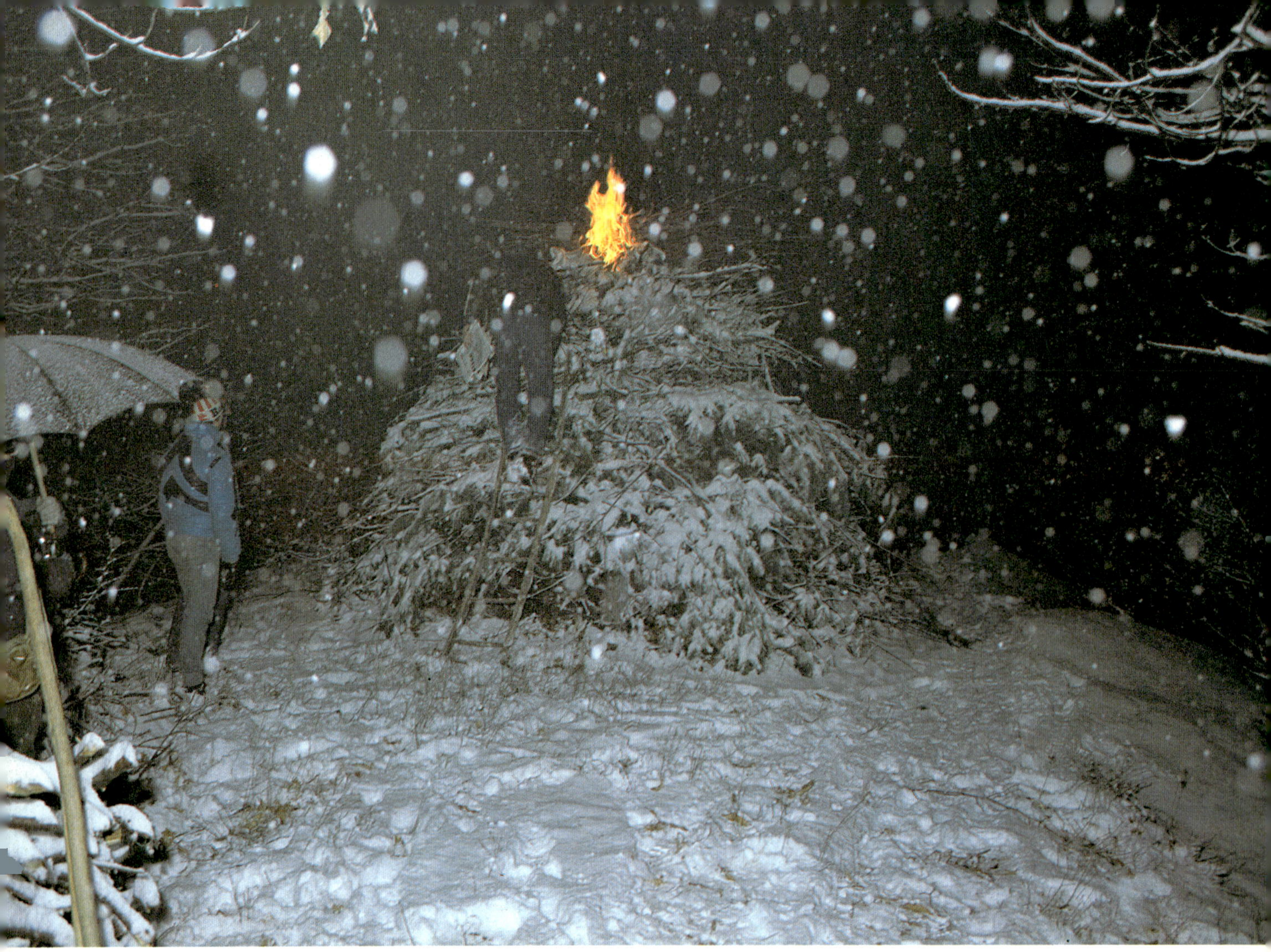

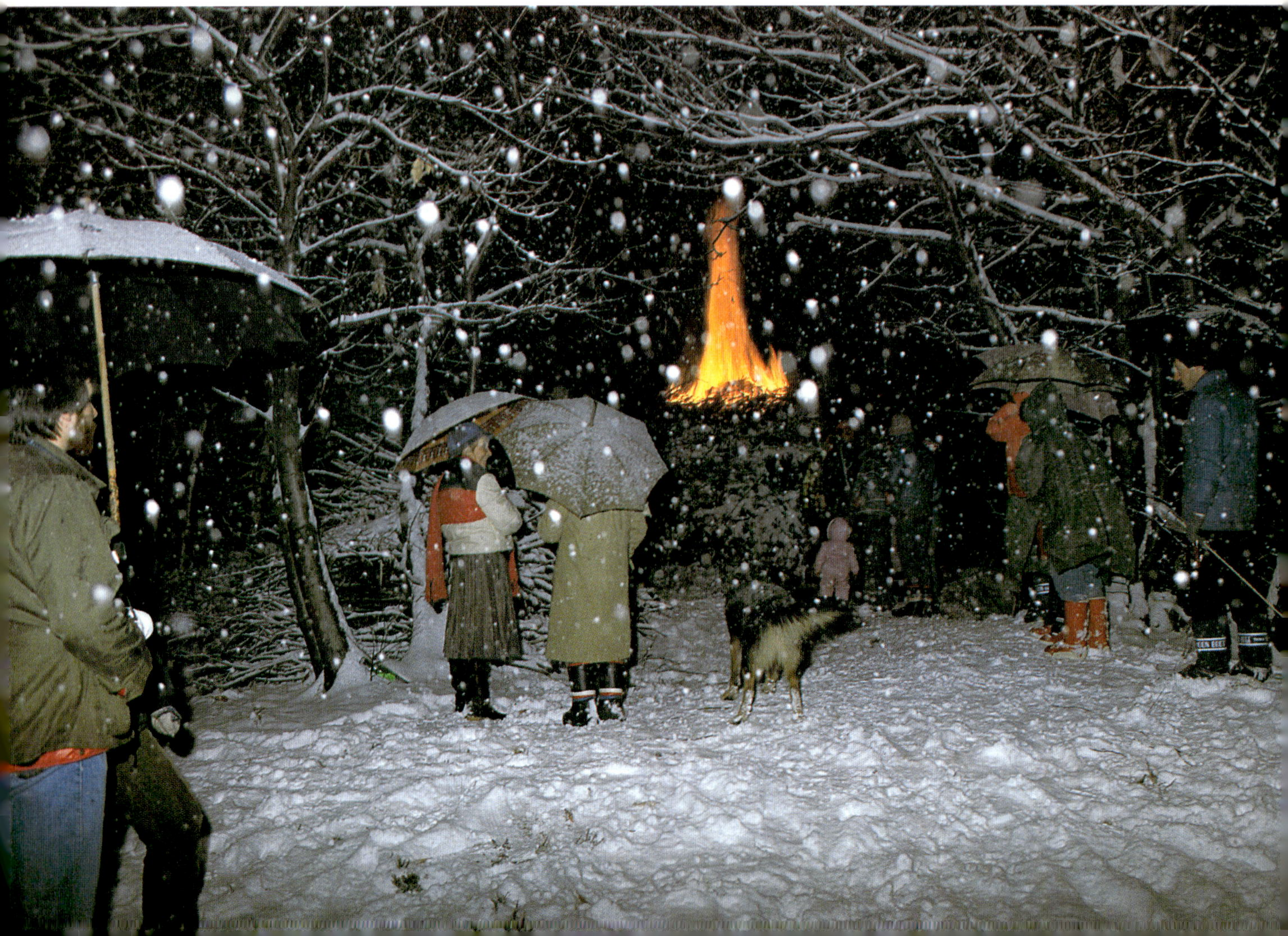

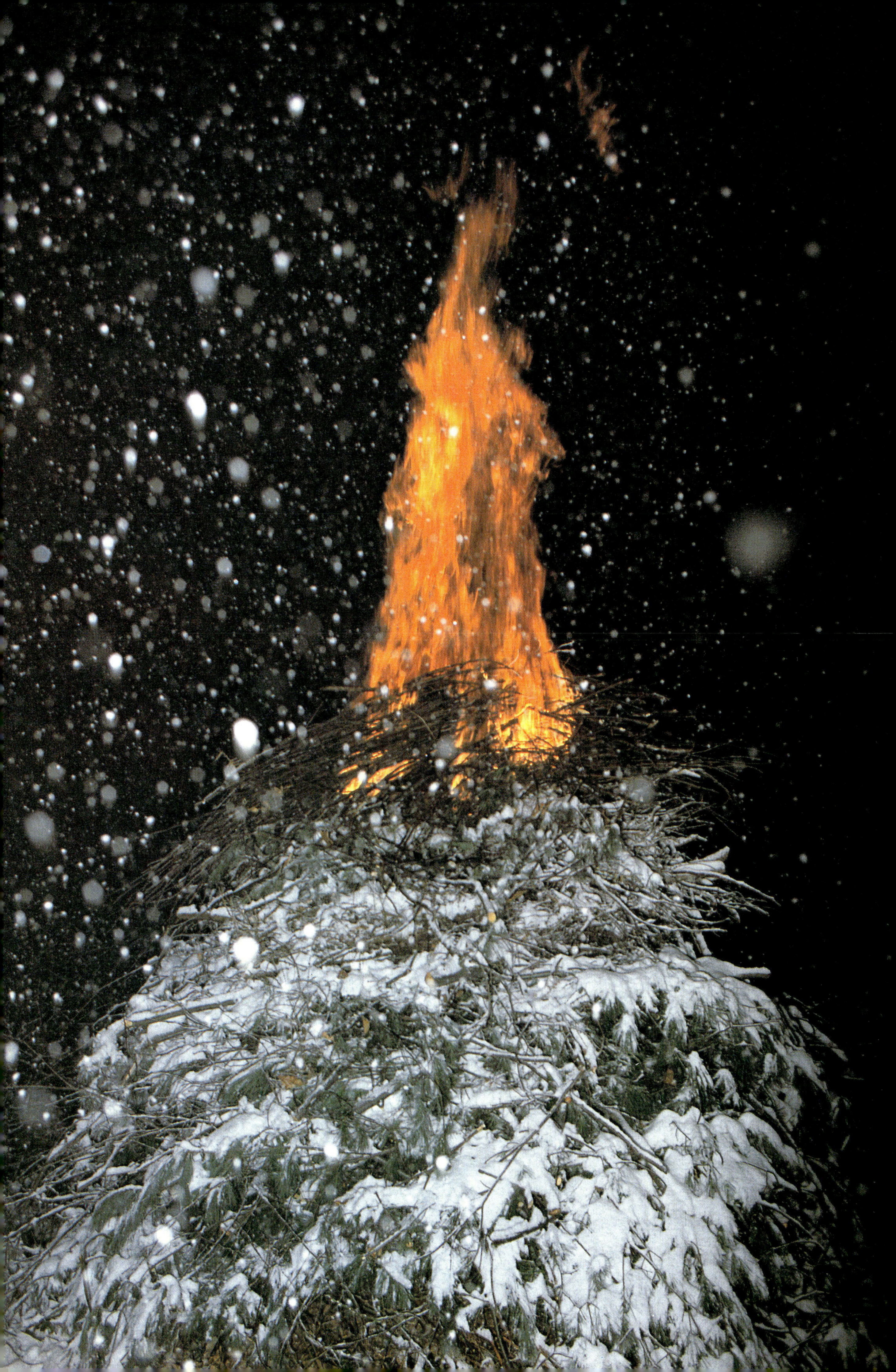

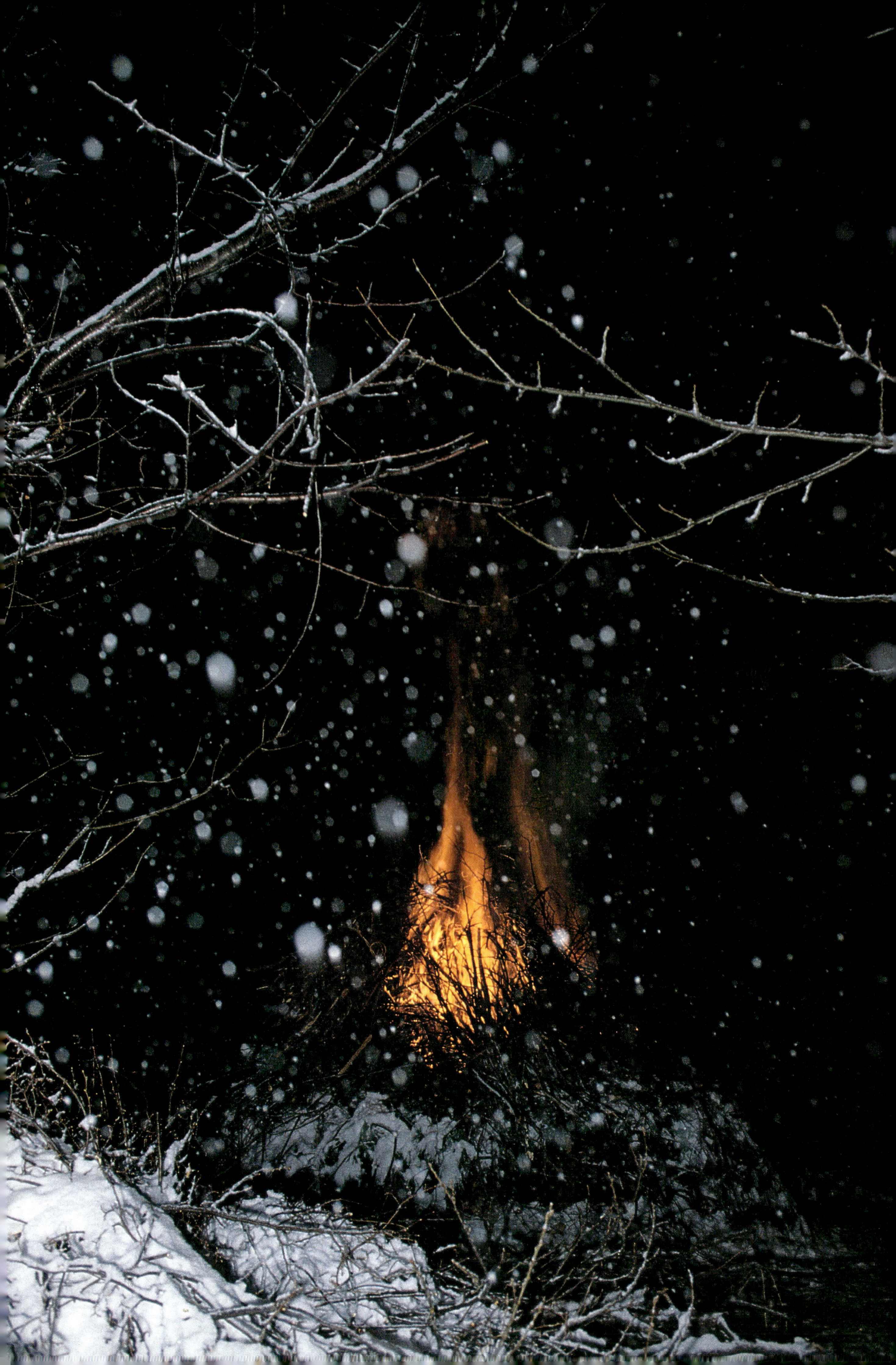

113.114.115.116.117.
Falò commemorativi in ricordo del 17 febbraio 1848

Un'altra festa che attualmente continua a riunire i Valdesi, in una domenica di primavera (precisata volta per volta) è la *festa di canto* delle corali. In ogni chiesa valdese in cui ciò sia possibile è consuetudine formare una società corale, che si riunisce una sera la settimana per le prove imparando ad eseguire musica sacra ma anche profana di notevole bellezza e complessità. I concerti delle corali, tuttora vivi e frequentati, costituiscono occasioni perché le donne indossino il *costume valdese*. Questo era un tempo — come in altre vallate alpine non valdesi — il vestito da sposa e da festa, a cui corrispondeva un abito maschile anch'esso caratteristico del luogo. Ma il costume maschile dei contadini dei secoli passati è da lungo tempo desueto e dimenticato, e tutt'al più do-

118. *Festa all'aperto del 15 agosto*

119. *Festa di canto delle corali*

120. *Concerto della corale valdese di Torino nel tempio di Torre Pellice*

121. *Interno del tempio di Torre Pellice*

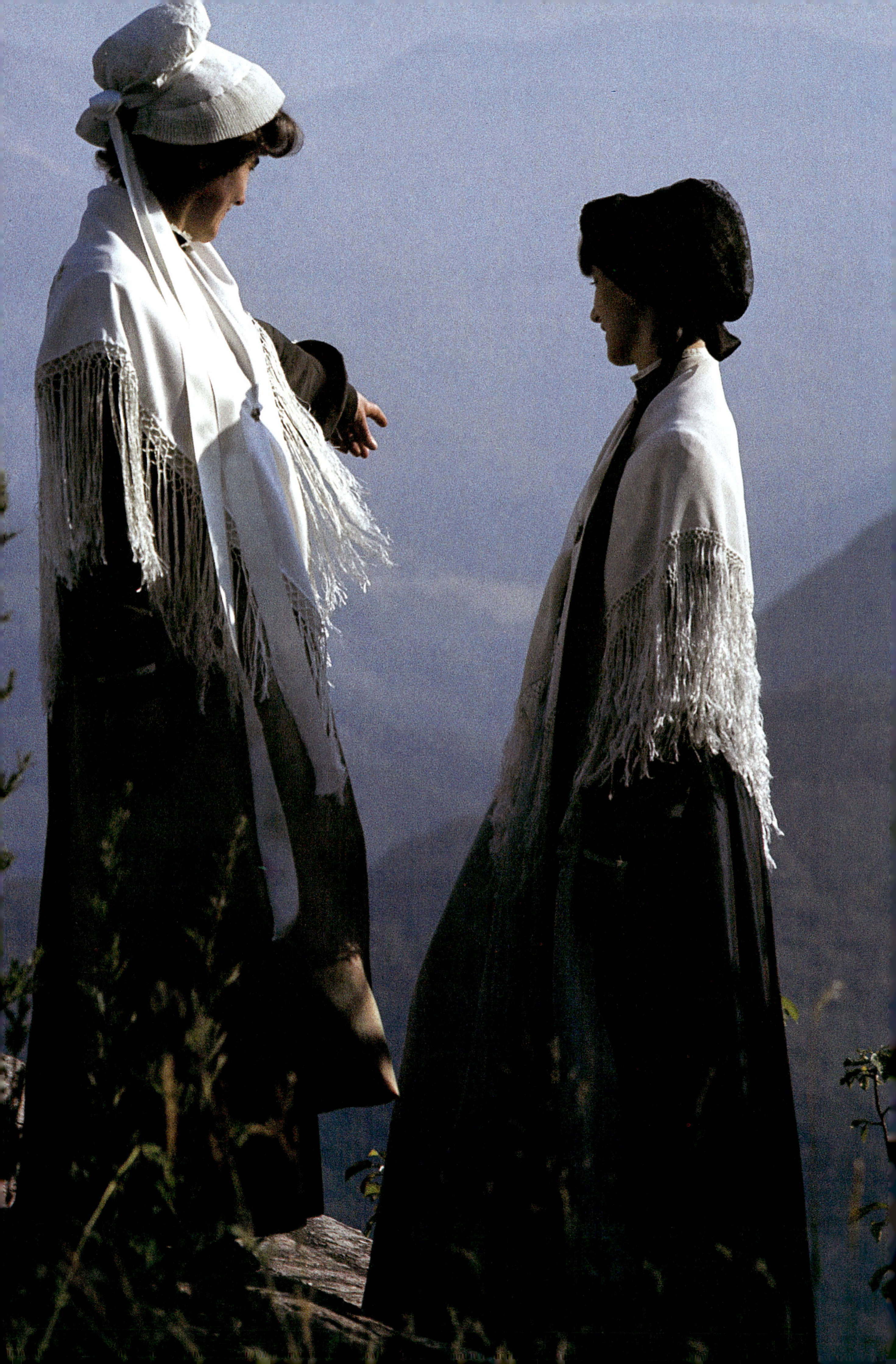

122. *Costumi valdesi*

123. *Costume di catecumena caratterizzato dalla cuffia nera*

124. *Cuffia del costume*

125. Particolare di scialle ricamato a mano

cumentato nei musei e nelle ricerche folcloristiche, mentre quello femminile — grazie forse al favore con cui è stato sempre considerato anche dalla Chiesa, e dalla frequenza con cui è stato rappresentato in pittura e in fotografia — è tutt'ora in uso.

Esso è caratterizzato soprattutto dalla cuffia candida, divisa in tre parti: quella anteriore, che incornicia il viso, inamidata e increspata a cannoncini (opera di poche artigiane in ciò specializzate); quella intermedia, di stoffa leggera o tulle, inamidata; e quella posteriore, di stoffa più morbida, che rinserra i capelli ai quali la cuffia è fermata. Quest'ultima parte è circondata da un lungo nastro di seta bianca, che forma lateralmente un nodo che scende con i suoi due capi fino alla vita. La veste consta di un corsetto moderatamente attillato, in tinta scura unita, col colletto orlato di seta bianca, e con le maniche piuttosto larghe, aggrinzate alle spalle e strette ai polsi, anch'esse con un piccolo orlo bianco; e dalla sottana, cucita al busto, larga e scendente fino alle caviglie con grandi pieghe, normalmente di colore uguale o affine al corsetto. Davanti alla sottana figura il grembiule, in seta cangiante, di colore vario. Sulle spalle, piegato in due a triangolo, vi è lo scialle, con frange, che può essere bianco, nero, o in altra tinta unita (rosso, viola, turchino), ricamato a fiori in tinte vivaci, ed è fermato al petto, al punto d'incontro delle due estremità, con una spilla.

126. *Lavorazione della cuffia*

127. *Gruppo di donne in costume*

128. *Croce ugonotta portata sul costume*

129. *Stemma valdese*

Specialmente nei quadri di Paolo Paschetto, pittore che ha dedicato alle Valli tanta parte della sua produzione, i gruppi di donne in costume, che si avviano al culto, formano un'immagine cara ad ogni Valdese, un richiamo emblematico alla sua antica realtà di popolo-Chiesa.

Un altro richiamo emblematico al dovere di lottare per la propria fede è la "croce ugonotta". Essa ricorda le dure prove sopportate dai Valdesi insieme con i protestanti francesi (detti "Ugonotti"), nelle persecuzioni della fine del '600. A una croce di forma caratteristica è appesa una piccola colomba, simbolo dello Spirito Santo. Realizzata in oro o in altro metallo meno pregiato, viene portata come gioiello appeso a una collanina, o usata come simbolo grafico.

Ma l'emblema valdese per eccellenza è lo stemma: un candelabro acceso, circondato da sette stelle (in oro su sfondo azzurro), col motto "Lux lucet in tenebris". Incerta ne è l'origine storica (fra l'altro, è molto simile allo stemma dei conti di Luserna).

Molto chiaro, invece, è il suo significato di richiamo alla Parola di Dio che illumina le chiese e i credenti nelle tenebre del mondo. Il motto, infatti, è preso letteralmente dal prologo dell'Evangelo di S. Giovanni (cap. I, vers. 5). Il candelabro e le sette stelle fanno riferimento ai simboli che raffigurano le chiese nell'*Apocalisse*.

3. LA TRADIZIONE MUSICALE

Sulle premesse della storia precedentemente narrata abbiamo accennato allo specifico valdese costituito dalla vita odierna della Chiesa, poi alle feste valdesi che proiettano nell'attualità l'influsso congiunto della storia e della vita della Chiesa. Anche elementi come il "costume valdese", provengono da un passato tradizionale a cui è necessario dare un po' di spazio per comprendere più intimamente la realtà odierna.

Fra questi elementi, l'espressione musicale continua ad essere, come è sempre stata, parte essenziale della vita comunitaria dei Valdesi, sia nel culto, sia nell'intrattenimento. Il culto valdese, come quello riformato in genere, è costituito in larga misura dall'intervento di tutta l'assemblea mediante il canto degli inni che contrassegnano i vari momenti della liturgia e sottolineano l'argomento delle predicazioni. Attualmente le chiese valdesi e metodiste fanno uso di un innario italiano, rielaborato in questo dopoguerra in base ad altri precedenti, con melodie di varia epoca, da quelle cinque e seicentesche della Riforma europea, ad altre ottocentesche e più recenti. Fino al periodo fra le due guerre, nelle Valli si faceva ampio uso del francese nel culto e nella predicazione, e quindi anche di innari in francese. In talune comunità questo avviene periodicamente anche oggi.

Abbastanza frequente, soprattutto da parte di musicisti attivi nella direzione delle corali, è anche la composizione di nuovi inni e cori che vengono ad aggiungersi al già cospicuo repertorio, classico e non, cui esse possono attingere.

Ma a monte del repertorio attuale, fino ai primi decenni di questo secolo era ancora viva popolarmente nelle Valli valdesi una tradizione musicale sacra e profana di antica origine, che specialmente dagli anni trenta in poi è stata attentamente recuperata, raccogliendo parole e musica

130. *Corale di Angrogna*

di inni e canzoni del passato, da parte di musicologi e cultori del folclore come F. Ghisi, T. G. Pons, E. Tron e altri. Questi studiosi si sono preoccupati sovente di farsi cantare le melodie dagli anziani che ancora le conoscevano, nei casi in cui non erano mai state annotate prima; mentre per i testi si trattava piuttosto di curare la conservazione e la riproduzione di vecchi "libri di canzoni", raccolte manoscritte talora assai ampie, curate da benemeriti amatori.

Questo materiale poetico-musicale è di varia origine e antichità. La lingua usata è molto spesso il francese, ma talvolta anche il patois delle Valli, o il piemontese. Si va da argomenti medievali, come la leggenda di Sant'Alessio, che si dice abbia contribuito a far maturare la vocazione di Valdo, ad avvenimenti ottocenteschi di larga risonanza, come la morte del Conte di Cavour, o di carattere locale, come la morte di alcuni minatori, nel secondo Ottocento, per il crollo di una miniera di talco. Queste ultime composizioni e alcune altre più antiche hanno la forma delle *complainte*, caratteristica del patrimonio popolare, con una struttura narrativa in numerose strofe. Nella grande varietà di argomenti delle *complaintes* e di altre canzoni sono frequenti, oltre ai temi biblici, quelli di storia militare e civile del Settecento. Ciò anche in relazione col fatto che in quell'epoca numerosi Valdesi fecero parte degli eserciti sabaudi. Assai nota, ad esempio, è la *Chanson de l'As-*

siette, che rievoca la vittoria riportata dalle truppe sabaude su quelle francesi, il 19 luglio 1747, al colle dell'Assietta. Ne conosciamo l'autore, Davide Michelin, nativo della Val Pellice e prolifico compositore di canzoni assai apprezzate non solo nelle Valli valdesi, ma anche nelle altre vallate alpine. Attivo nella prima metà del Settecento, ci ha tramandato alcune sue memorie autobiografiche con la *Complainte de Michelin*, lunga composizione di ben 38 quartine. Il Michelin fu noto come cantastorie, che vagava da un paese all'altro e si esibiva in pubblico accompagnandosi col violino. E non fu il solo personaggio di tal genere, perché si ha memoria di altri cantastorie attivi ancora nell'Ottocento e fino al principio del nostro secolo, come pure di vari autori di poesie e canzoni popolari. A parte le occasioni proprie del canto sacro, non mancavano occasioni profane per cantare in coro nel piccolo mondo valdese quale fu fino ai primi decenni di questo secolo: le veglie invernali nelle stalle, all'osteria, le passeggiate notturne di gruppi di giovani durante la bella stagione. Né mancavano le canzoni a ballo, allorché ad accompagnare le danze vi poteva essere un gruppo di canterini, in genere sostituito in tempi più prossimi ai nostri da orchestrine. In ogni epoca — malgrado le frequenti disapprovazioni di alcuni pastori, che le consideravano manifestazioni peccaminose — i montanari valdesi approfittavano volentieri delle occasioni, per lo più feste o fiere paesane, in cui potevano sfogare la loro passione per il ballo. Fra le varie danze la più tipica era la *couménto*, il cui ritmo vivace veniva scandito dalle grosse scarpe dei ballerini che a coppie si esibivano sul tavolato, solitamente allestito nella piazza del paese e riparato da un tetto di frasche.

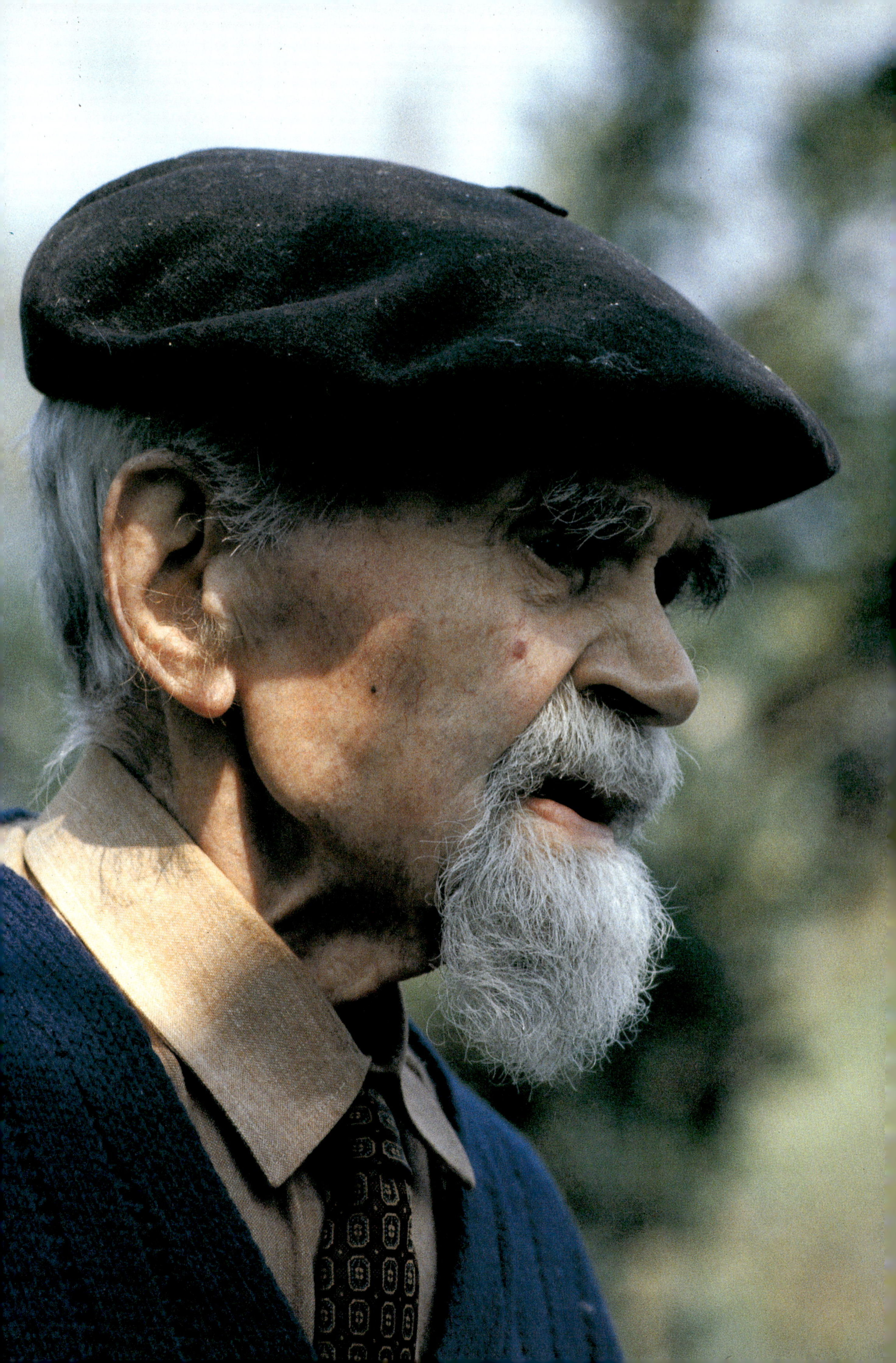

131. *Il professor Teofilo Pons presidente onorario della Società di Studi Valdesi*

4. TRADIZIONI E COSTUMI DI VITA MONTANARA

Lo sviluppo economico dell'ultimo dopoguerra e le trasformazioni da esso indotte hanno cancellato quasi dappertutto nelle Valli valdesi un tipo di vita contadina di montagna che aveva preservato fino allora in gran parte le sue caratteristiche secolari.

Da ciò l'impulso a raccogliere il materiale tipico di quel mondo in via di sparizione nelle sezioni etnografiche dei musei valdesi che abbiamo menzionato in precedenza, e di curare pubblicazioni in cui vengono descritti usi, costumi e folclore del passato.

Fra tali pubblicazioni sono particolarmente degne di nota quelle del prof. Teofilo G. Pons, già insegnante al Collegio valdese e attualmente presidente onorario della Società di Studi Valdesi.

Una testimonianza concreta dell'antico modo di vita dei montanari valdesi è costituito dalle vecchie case, isolate o raggruppate in piccoli villaggi, che s'incontrano nelle Valli. Quando non siano trasformate o rimodernate (com'è il caso in genere di quelle oggi abitate e in tal caso quasi sempre a portata di automobile), semidistrutte per l'abbandono avvenuto da troppo tempo o per essere state incendiate durante i rastrellamenti nazi-fascisti, esse costituiscono una parte essenziale dello scenario di quel modo di esistenza.

Le principali distinzioni da fare circa la tipologia di queste abitazioni, tutte coi muri e il tetto di pietra, sono quelle fra abitazioni permanenti o temporanee, fra abitazioni isolate o raggruppate in villaggi, e fra case a cortile chiuso o aperto. Le abitazioni permanenti sono evidentemente poste in un sito e a un'altitudine tali da potervi trascorrere anche l'inverno; temporanee sono quelle utilizzate per il pascolo estivo, che avviene in zona fra i 1700 e i 2600 mt. circa.

Le abitazioni isolate sono più numerose nella Val Pellice, più rare nella Val Germanasca, dove i piccoli villaggi, Prali per esempio, si addensavano strettamente e la tipologia delle costruzioni era resa più varia da questo fatto. Le case a cortile chiuso, cioè con l'insieme delle costruzioni disposte intorno all'aia, si trovano nelle località più comode e prospere e potevano accogliere vari rami di una numerosa famiglia; il tipo più frequente era costituito dal pianterreno (con le stalle e la grande cucina) e dal primo piano con varie camere collegate dal balcone); vi era inoltre il fienile, talvolta al pian terreno, talaltra al primo piano. Le case a cortile aperto, molto più numerose e tipiche delle alte valli, davano direttamente sulla strada; anch'esse erano caratterizzate da un'analoga distribuzione dei locali fra pianterreno e primo piano.

Le scale per accedere al primo piano, o per scendere nell'eventuale cantina sottostante, potevano essere esterne, per lo più in pietra, riparate dallo spiovente del tetto, o interne, in legno o in pietra, magari con accesso mediante una botola. Queste ultime potevano rappresentare una uscita di sicurezza, sia per eventi naturali, sia, in epoche di persecuzione, per fuggire senza essere visti; questo genere di risorse sembra che fossero sempre presenti nelle case dei "barba" in epoche di clandestinità. I mobili, di robusta fattura locale, comprendevano il tavolo con panche e sedie o sgabelli, la credenza, la madia per il pane; nelle camere, i letti e un cassone per tenervi i vestiti erano l'essenziale; ma nelle più modeste e ridotte abitazioni degli alpeggi, per posare i vestiti poteva bastare anche un asse appeso al soffitto. Oggi questi mobili antichi si possono vedere per lo più nei musei o nei negozi degli antiquari.

Sullo scenario costituito dalla natura alpestre e da queste abitazioni modeste, si svolgeva il ciclo annuo delle attività dei montanari, e il più ampio ciclo delle loro esistenze. Un proverbio caratteristico delle alte valli divideva l'anno in "tre mesi d'inferno e nove mesi d'inverno". Ovviamente si intendeva con ciò alludere alla brevità della stagione estiva, in cui si concentravano attivi-

132. *Il pastore Ernesto Ayassot docente di Storia delle Religioni*

tà essenziali: il pascolo alpestre di bovini e ovini, e, nei campi, le fienagioni, la mietitura, la trebbiatura (operata un tempo battendo il grano col correggiato), i primi lavori di preparazione del terreno per le semine autunnali; il tutto comportava in quel periodo lunghe giornate di intenso lavoro. Dopo il periodo delle semine, tra il declinare di settembre e il principio di ottobre, ben presto si annunciava l'inverno.

Nel periodo di massimo rigore i montanari si trasferivano nelle stalle: era il momento delle "veglie", che riunivano la singola famiglia ma talvolta anche vari visitatori, con una maggiore possibilità di socializzazione. Allorché a marzo avanzato si faceva sentire il ritorno della primavera, cessava l'uso della veglia invernale e si celebrava il 21 marzo con una singolare festa popolare: un pupazzo riempito di paglia che raffigurava la "vecchia" (la *veia*) era portato in giro per il paese con canti e risa, poi bruciato in piazza, come una malefica strega. Frattanto avevano inizio i lavori di preparazione del terreno che nelle zone più ripide, una volta riparati i muretti di sostegno, doveva essere riportato a monte, nelle gerle portate a spalle. Quindi potevano aver luogo le semine primaverili, fra cui particolarmente importante quella delle patate. La primavera avanzata era anche l'epoca in cui tornavano a casa quei giovani che erano scesi in pianura, a Torino, in Francia,

133. *Casa rurale in Val d'Angrogna*

134. *Alpeggio alla Comba dei Carbonieri*

particolarmente a Marsiglia, per guadagnare un po' di denaro con vari mestieri, ma per lo più come camerieri in alberghi, ristoranti, caffè. È qui il luogo per ricordare il fenomeno massiccio dell'emigrazione temporanea, che però durava quasi tutto l'anno, salvo che nel periodo più intenso di lavori campestri, delle giovani valdesi che andavano in città per impiegarsi come domestiche presso le famiglie. A Torino, ancora nell'ultimo dopoguerra, le *bonnes* valdesi erano molto apprezzate, specie come bambinaie, nelle famiglie signorili. Erano così numerose da costituire una vera e propria colonia. S'incontravano al culto della domenica pomeriggio o nelle riunioni organizzate per le "rondinelle" dall'Unione Cristiana delle Giovani (UCDG, organizzazione femminile parallela all'ACDG, sezione italiana dell'americana YMCA, Young Men Christian Association). Il loro lavoro per lo più durava alcuni anni, finché si sposavano e si stabilivano nelle Valli, ma talvolta durava tutta la vita.

Da quando, a partire dalla seconda metà dell'800, l'emigrazione stagionale divenne un fenomeno frequente, è logico che uomini e donne vissuti per qualche tempo fuori delle Valli vi importassero abitudini diverse da quelle tradizionali. Cominciò quindi a mutare qualcosa anche nella vita quotidiana, per esempio negli usi alimentari, alla base dei quali tuttavia restò sempre la tradizionale cucina valdese. In essa si faceva uso essenzialmente di prodotti locali, con poche aggiunte, risultanti da scambi fra contadini delle alte valli e quelli del fondovalle, più raramente da acquisti di provenienza esterna. Data la rarità di frutta nelle alte valli, (salvo le castagne in Val Pellice), le mele arrivavano in alta Val Germanasca in cambio di patate; il vino (in genere un *vin cit*, cioè asprigno e di bassa gradazione alcolica) proveniva dalla bassa Val Germanasca, da Prarostino, dalla bassa Val Pellice, in cambio di altre derrate; il granoturco dalla pianura in cambio delle castagne.

Alimento fondamentale era la polenta, fatta in gran parte con la farina di grano saraceno. Polenta e latte: ecco la formula più frequente di un pasto montanaro, specialmente del desinare mattutino. Ma la polenta poteva diventare un piatto appetibile come *poulento acoumoudâ*, spezzettata e condita con formaggio e burro fuso; poteva addirittura diventare una leccornia con la ricetta segreta di quelli che sapevano preparare *la Bouno* (la "buona" per antonomasia), con procedimenti complicati e numerosi ingredienti, fra cui le spezie.

Un buon pasto meridiano poteva cominciare con *la souppo*: grissini o pane a fette con burro, formaggio e cannella, in brodo di carne cotto a fuoco lento. Il pane, di frumento o talora di segale, era alla base anche di altre minestre come *la panaddo* e *lou pan coucét*.

Alla base del pasto erano spesso le patate (*la triffla*) variamente cucinate e accompagnate con prodotti di carne suina: sanguinaccio, salsiccia, salame, cotenna, ecc. Un'altra gamma variata di prodotti veniva ricavata dalla lavorazione del latte: oltre al burro e al formaggio (la *toummo*), la ricotta (*jouncâ*) da cui con ulteriore lavorazione deriva il *sëras*; da questo, fermentato e con l'aggiunta di sale, pepe e cannella, si ricavava il *brous*. Dalla mescolanza in una pasta unica di pane grattugiato, uova, formaggio, salame e lardo tritato, si formavano, avvolgendole in foglie di cavoli, le polpette (a Prali *lâ càlhëtta*), riservate a speciali occasioni. Così *lî tourtèl*, sottili frittelle cotte in una pentola di talco, erano il cibo proprio dei giorni in cui arrivava in casa il vino nuovo. Altre specialità si potrebbero ricordare, a testimonianza del fatto che anche con mezzi modesti i contadini valdesi avevano una loro tradizione culinaria degna di nota.

Concludendo questo breve cenno sul ciclo annuo di lavoro dei montanari, è opportuno far notare che gli attrezzi per tale lavoro (quasi tutto affidato alla forza umana nelle zone alte e impervie, alleviato dall'impiego del bestiame nelle terre di fondovalle) oltre agli attrezzi basilari e più comuni come zappe, bidenti, falci e falcetti, ne comprendeva tipi e varietà caratteristiche della zona che oggi costituiscono una delle sezioni più interessanti dei musei etnografici valdesi. Buona parte del mobilio e dell'attrezzatura per la cucina (fra cui le caratteristiche padelle di talco) erano lavorati e riparati localmente dagli stessi contadini o dai fabbri e falegnami del posto. Le donne, specialmente nell'epoca antecedente l'industrializzazione, sapevano filare e tessere la canapa (coltivata sul posto) e la lana. Comunque c'era spazio anche per l'attività di sarti e calzolai del posto. Erano invece ambulanti, e provenivano da altre valli del Piemonte: stagnari (*magnin*) — occupati particolarmente nella riparazione degli utensili da cucina e da lavorazione del latte —, arrotini, ombrellai e seggiolai, che si annunciavano, per lo più a epoche fisse, con le loro caratteristiche grida di richiamo.

Allo stesso modo che nel ciclo annuale, anche nel ciclo dell'esistenza dei montanari valdesi molti elementi essenziali sono rimasti pressoché immutati per secoli. Questo, certamente, in tempi normali, quando non erano coinvolti nelle vicende di persecuzione o d'invasione tra Cinquecento e primo Ottocento, nelle guerre nazionali o nelle catastrofi naturali favorite dalla conformazione delle Valli: terremoti, epidemie, carestie che a metà Ottocento diedero la spinta all'emigrazione.

Immaginiamo dunque un'esistenza non insidiata da questi problemi, nel suo svolgimento naturale contrappuntato dalle feste o occasioni religiose, nel piccolo mondo valdese del passato. Momento solenne è il battesimo, celebrato entro l'anno dalla nascita in occasione di un culto, seguito da un banchetto con numerosi partecipanti che si trattengono fino a sera fra balli e canti.

Altro momento solenne è la festa della "confermazione" che contrassegna, per ragazzi e ragazze, l'ingresso nel mondo degli adulti; per i maschi vi sarà poi la festa dei coscritti, naturalmente per prestare il servizio militare come alpini. Dopo gli amoretti giovanili, si pensa al matrimonio, e lo scambio di visite durante le veglie invernali nelle stalle è una buona occasione per passare in rassegna i possibili *partner* (e per vedere quante bestie ci sono nella stalla...).

Sia il fidanzamento, sia le nozze sono occasioni di festa grossa e di lauti banchetti, in cui

135. *Tetto a lose tipico delle valli*

136. *Miande a Bô dâ Col in val Germanasca*

137. *Alpe Crosenna in Val Pellice*

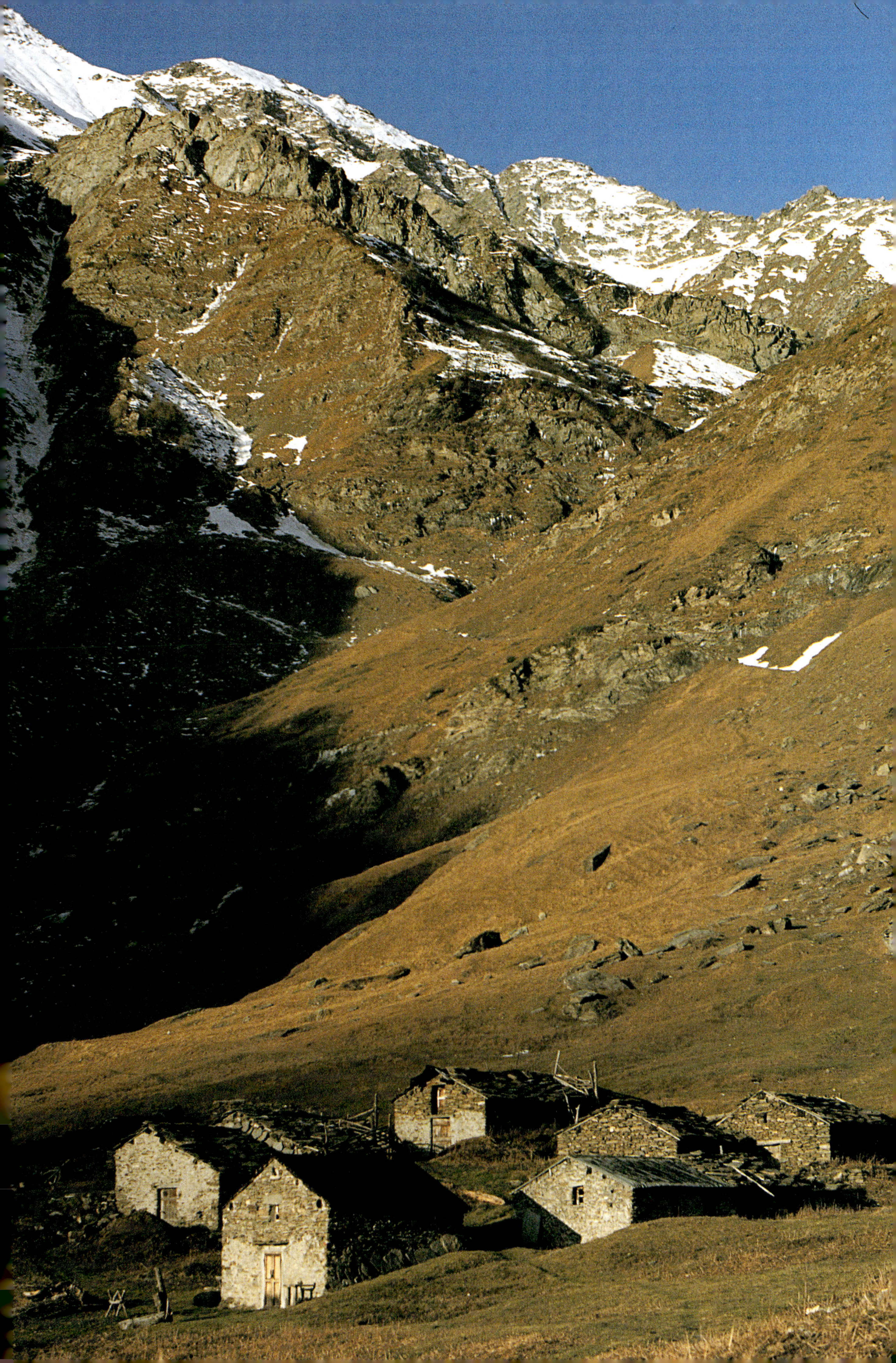

138. *Museo di Torre Pellice, ambientazione rurale*

139. *Museo di Torre Pellice, suppellettili*

140. *Contadino di Porte di Massello*

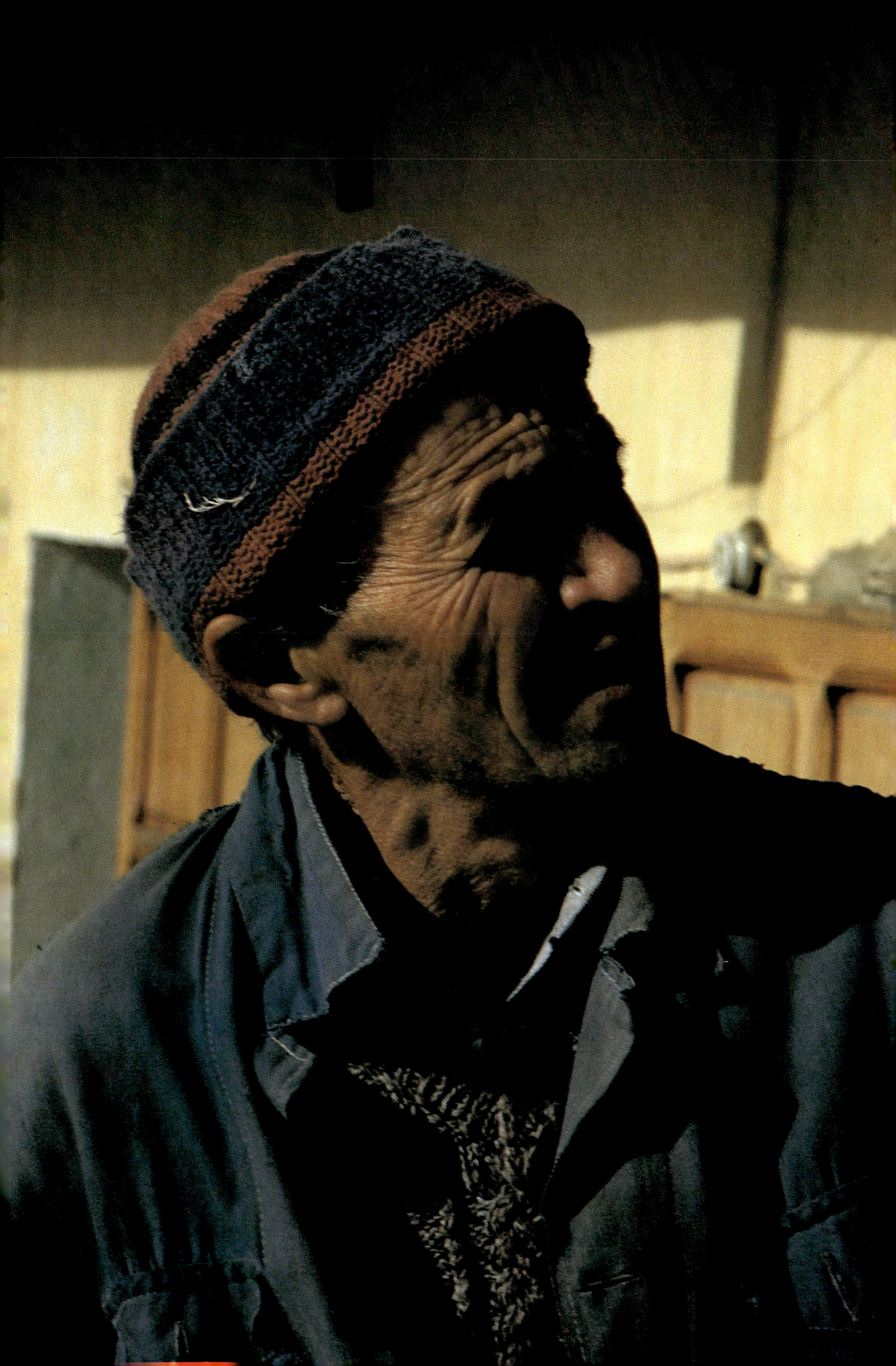

141. *Gregge sul sentiero per l'alpeggio*

142. *Fienile in grangia di alta valle*

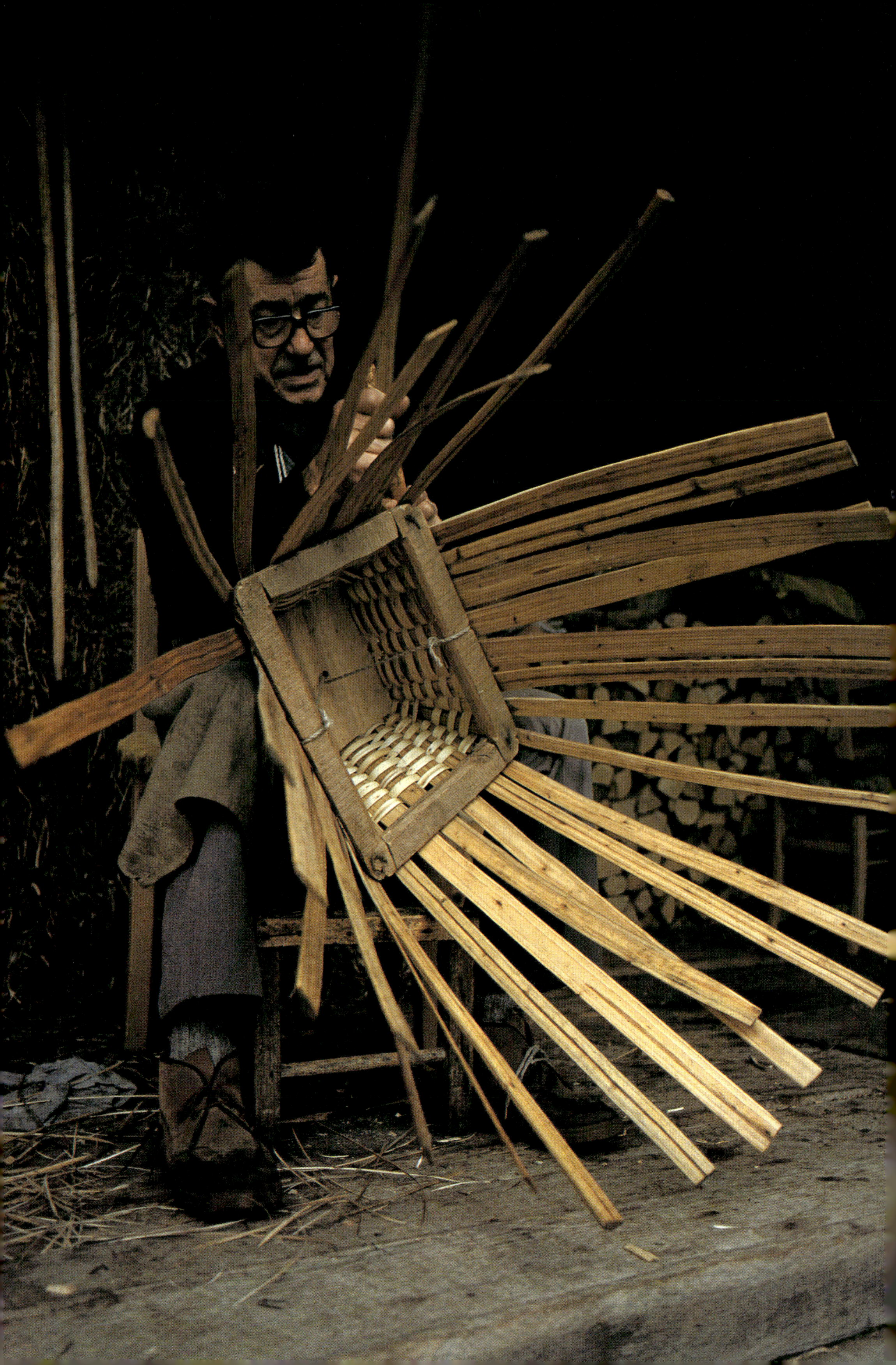

Lavorazione della gerla

147. *Dolci preparati per la vendita di beneficenza del mese di maggio*

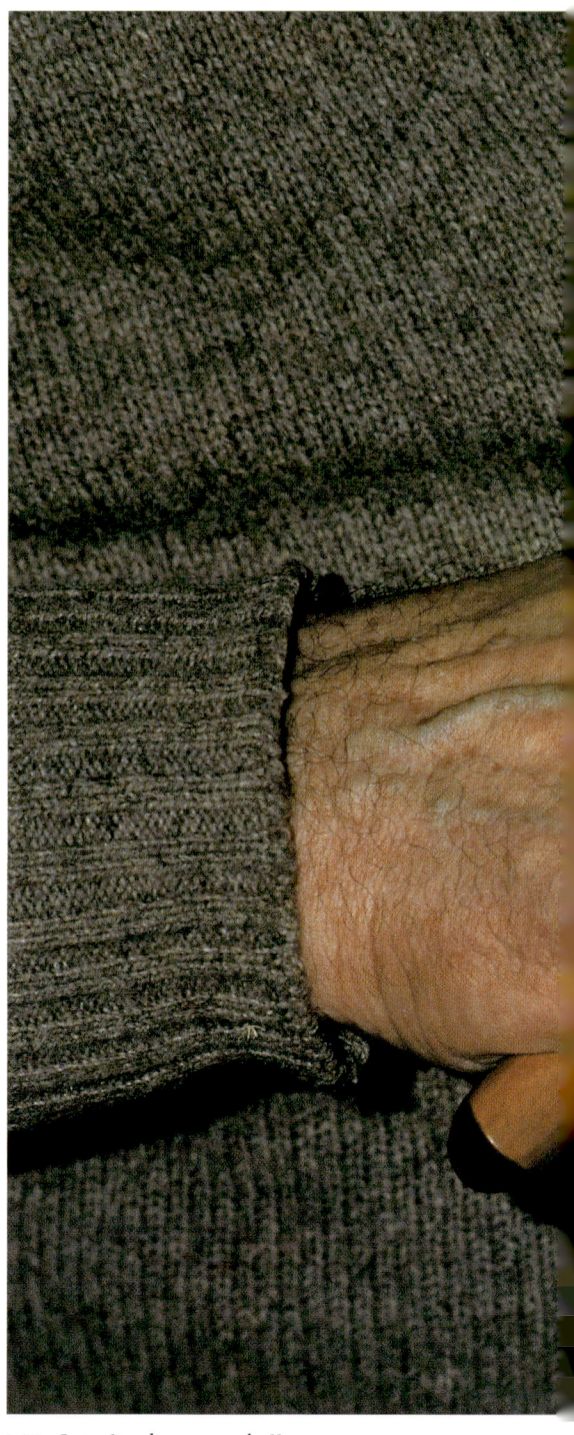

148. *Intaglio di uno sgabello*

149. *Falegname in Val Germanasca*

150. *Anziana filatrice di Angrogna*
(pagine seguenti)

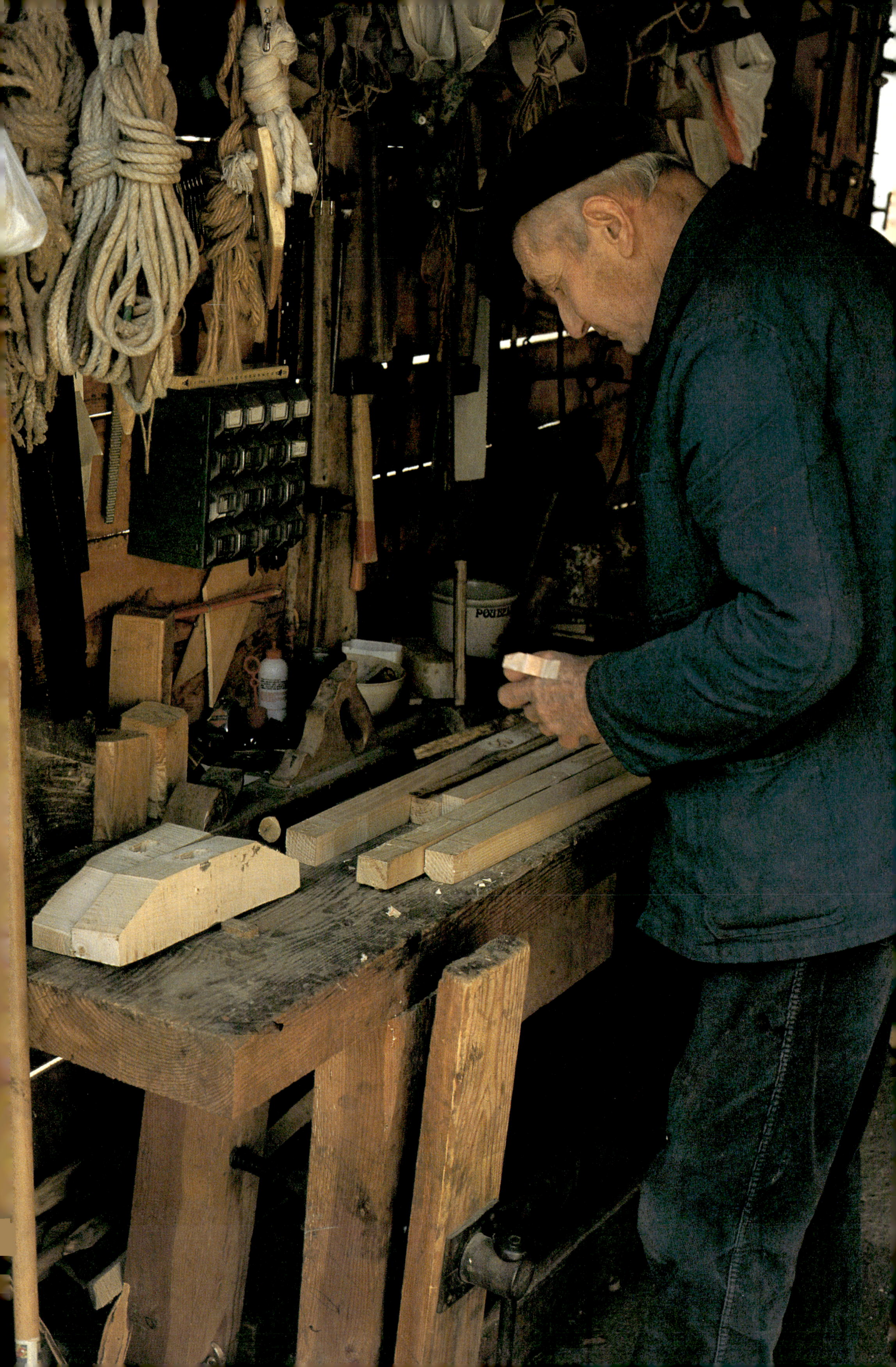

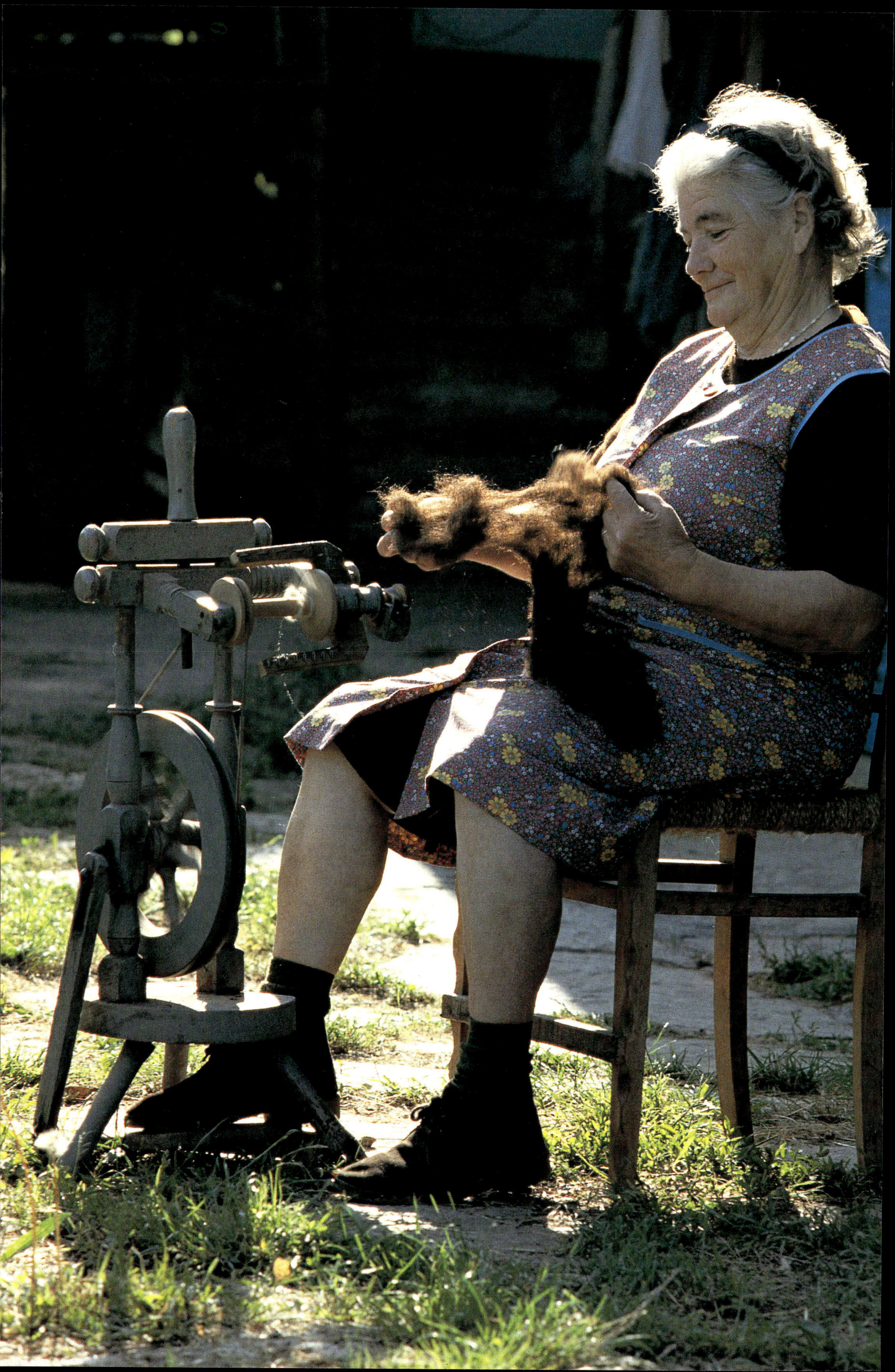

molti particolari sono stati regolati per lungo tempo da un rituale preciso, ad esempio dalla "barriera" posta al corteo nuziale di ritorno dalla chiesa con un nastro attraverso la strada, per un momento di festeggiamento all'aperto.

Il trascorrere della vita, col suo alternarsi di gioie e dolori, vede comunque l'affacciarsi di nuove generazioni e la scomparsa degli anziani. I funerali sono annunciati ancor oggi da un lento rintocco delle campane; anche in questo caso si sono conservati a lungo usi particolari delle varie parrocchie; dopo il culto in chiesa, il pastore in toga precede, dietro il feretro, il corteo verso il cimitero, che nelle alte valli è in genere piccolo e modesto. Ma ad alcune personalità protestanti straniere, morte in Piemonte nel secolo XVIII, si volle dare più onorata sepoltura in alcuni templi valdesi, fra cui quello dei Coppieri e quello del Ciabàs. Nel tempio del Ciabàs in particolare, una lapide ricorda la sepoltura del barone Federico Leutrum, ufficiale tedesco al servizio dei Savoia, distintosi nella difesa di Cuneo del 1744. Lo rievoca come "barùn Litrùn" una popolare canzone piemontese, che menziona la sua qualità di protestante e il suo desiderio di essere sepolto in terra valdese.

5. FOLCLORE VALDESE

L'ignoto autore della popolare canzone del "barùn Litrùn" esprime la contrapposizione fra i Valdesi e i loro conterranei Cattolici con le parole "o bun barbèt o bun cristian", che indica come a metà Settecento, per il popolo piemontese, i "barbetti" (i Valdesi erano così chiamati per la loro antica obbedienza agli insegnamenti dei "barba", cui abbiamo accennato a proposito del periodo medievale) costituissero una gente in qualche modo totalmente estranea al mondo cristiano: un fenomeno misterioso. E bisogna dire che la caratteristica del mondo valdese di "oggetto misterioso", per buona parte degli italiani è perdurata sino a oggi.

Non stupisce quindi che il folclore valdese, anche quando riecheggia temi e immagini comuni al patrimonio di tutto l'antico mondo alpino, risenta dell'appartenenza a questo ambiente isolato e separato. Gli studiosi, infatti, che dal principio del Novecento e ancora oggi si sono dedicati alla raccolta e alla stesura dei ricordi di fiabe, leggende, antichi motti e costumanze valdesi, tendono a sottolineare alcune caratteristiche peculiari di questa tradizione, trasmessa per secoli soprattutto attraverso i racconti degli anziani durante le lunghe veglie invernali. Una caratteristica è costituita dalle "tendenze positive valdesi" che comportano una "antipatia istintiva per tutto quel che è indeterminato"; una seconda, che trae origine dalla formazione religiosa riformata, è la netta separazione fra le descrizioni di vicende fiabesche di fate e diavoli e le questioni religiose; una terza, conseguenza della dolorosa esperienza storica, è il rilievo dato più alle vittime che ai trionfatori, e il frequente riferimento a lontani fatti storici, spesso trasformati dal ricordo.

Principali protagoniste delle antiche fiabe narrate ai bambini erano le fate, dette "fantine", nascoste, da sole o in gruppo, nelle rocce, negli anfratti, o nei laghi. Per conto loro filavano, producevano latticini, inventavano utili arnesi, custodivano tesori. Erano però imprevedibili e capricciose: i viandanti che, per lo più di notte, le incontravano, potevano ricevere grandi benefici, oppure, se le scontentavano, andare incontro a seri guai quali disastri e inondazioni. Simili a loro, ma meno frequentemente menzionati, erano i folletti. L'uso della magia, esercitato da esseri umani, era attribuito a streghe e stregoni, (*soursie*). Di questi, come degli altri esseri e fatti soprannaturali, si parlava ormai poco nel secolo scorso, ma nel Seicento, come in tutta Europa, anche nelle Valli valdesi vi furono processi per stregoneria. Era rimasta un'ombra di sospetto su certe famiglie, abitanti in villaggi appartati, come *Cacet* ad Angrogna, *Peumian* a Pramollo, *Peui* a Pomaretto. La loro fama, e le azioni da loro compiute, erano in genere di carattere negativo, concertate nelle misteriose riunioni (i *sabba*) in cui taluno li sorprendeva. In certe fiabe compariva anche il diavolo, capace di imprese sovrumane, desideroso di venire a patti con gli uomini, ma destinato a fuggire e dissolversi quando non gli si prestava ascolto. Si parlava anche dell'esistenza di fantasmi o, con un certo realismo, di tesori nascosti. Ciò poteva alludere alle vicende di quelle famiglie valdesi che avevano dovuto fuggire in epoche di persecuzione, nascondendo oro e peculio in luoghi segreti.

Trasformazioni leggendarie di eventi lontani potevano essere anche le storie dei "selvaggi", uomini strani, fortissimi, che vivevano nelle grotte; si è pensato che queste storie alludessero agli ultimi Saraceni rimasti dopo la loro cacciata dalle Valli. A vicende molto più recenti alludevano invece le numerose leggende che arricchivano di circostanze mirabolanti il ricordo delle persecuzioni del Seicento. Molte erano riferite a Gianavello e alle sue imprese straordinarie, altre a famiglie i cui bambini erano stati rapiti per cattolizzarli, ma erano riusciti a fuggire, tornando nelle terre avite e dando origine a famiglie (come i *Jourdan-Fortuna*) che perpetuavano nei soprannomi

151. *Rappresentazione del Gruppo Teatro Angrogna*

il ricordo dei drammi vissuti. Infine la diffusa leggenda, che abbiamo in precedenza ricordato, dell'origine apostolica dei Valdesi, era sottintesa nei racconti di apparizioni di Gesù Cristo in varie località delle Valli e persino della visita di San Paolo ad Angrogna durante uno dei suoi viaggi.

Questo patrimonio narrativo, di cui si posseggono varie centinaia di esempi, non è che una parte, se pure la più poetica, del folclore valdese. Ad esso occorre aggiungere quanto è stato raccolto, e in qualche misura si riesce ancora a raccogliere, circa le tradizioni popolari in fatto di soprannomi, virtù e difetti attribuiti reciprocamente da una valle, un paese, un gruppo familiare all'altro; circa i proverbi e le formule d'incantesimo, d'augurio, di dispetto, ecc...; circa le credenze relative agli astri, ai presagi del tempo atmosferico, ai corsi d'acqua, agli animali che popolano la natura, uccelli, animali terrestri e pesci; circa le proprietà di erbe e fiori. Quest'ultima forma di sapere tradizionale è strettamente legata agli usi della medicina popolare, in gran parte tramandati nelle famiglie da una generazione all'altra, ma talora attribuiti, per gli aspetti più esoterici, alle peculiari capacità delle guaritrici (*mezinòoura*). Queste anziane donne ricevevano i malati standosene in costume nelle loro cucine e sapevano dire, lasciando cadere lentamente in una scodella piena d'acqua 24 chicchi di frumento, se il paziente aveva costole danneggiate, e quali. Infine si poteva ricorrere alla scienza arcana, racchiusa in testi come il cosiddetto *Grand Albert*, centone di scritture alchemiche e misteriosofiche del filosofo duecentesco Alberto Magno; testo che è tuttora reperibile in ristampe.

6. CONCLUSIONE: LA PRESENZA VALDESE NELLA CULTURA DELL'ITALIA UNITA

Concludendo il presente lavoro dobbiamo anzitutto scusarci se, per soddisfare esigenze di brevità e di chiarezza, abbiamo dovuto omettere o ridurre al minimo argomenti e dati che per taluno possono risultare importanti. È il caso, ad esempio, del pensiero teologico valdese, che a partire dai documenti di Chanforan (1532) e dalla Confessione di fede del 1655, tuttora professata dalla Chiesa valdese (una confessione di chiaro stampo calvinista), ha avuto e sta tuttora avendo sviluppi significativi, al quale abbiamo dedicato solo qualche cenno.

Dopo aver parlato nelle pagine precedenti della presenza valdese nell'ambiente locale e nella società italiana, sembrerebbe logico, citare gli esempi di una letteratura nata da questo *humus* e sviluppatasi, dopo l'"emancipazione", nella nuova Italia.

Bisogna invece riconoscere l'esiguità di un'espressione letteraria e artistica del mondo valdese, di livello tale da inserirsi sul piano nazionale. Dobbiamo limitarci a poche citazioni, in gran parte esterne a quel mondo. Il libro più noto sui Valdesi pubblicato nell'Ottocento è il *reportage* a loro dedicato da De Amicis nel volume *Alle porte d'Italia* (1884). Solo recentemente è stato ripreso ed ha avuto qualche notorietà il volume del pastore Amedeo Bert sr., *Nelle Alpi Cozie. Gite e ricordi di un bisnonno* (post., 1884). Nel Novecento l'unico scrittore di notorietà nazionale che possiamo citare è Piero Jahier, valdese d'origine, che però perse la fede mentre compiva gli studi teologici; nella sua opera il mondo delle Valli ritorna più volte, e negli ultimi anni della sua vita Jahier tornò a visitare le Valli dove fu oratore in una festa del 15 agosto. Notorietà locale hanno avuto, fra gli anni Trenta e Quaranta, le poesie di Ada Meille, moglie di un pastore, e gli scritti letterari dedicati ai Valdesi da Jacopo Lombardini, l'evangelico carrarese inseritosi già adulto nell'ambiente delle Valli, di cui abbiamo parlato a proposito della Resistenza.

Nel campo artistico abbiamo già avuto occasione di citare Paolo Paschetto, la cui opera pittorica e grafica è in larga parte dedicata alle Valli e alla storia valdese. Una recente mostra in occasione del centenario della nascita (1885) ha riproposto la sua arte all'attenzione di un più vasto pubblico. La sezione grafica ha rammentato una circostanza poco nota: a Paschetto si deve il disegno dello stemma della Repubblica italiana.

Si tratta comunque, come si vede, di un manipolo esiguo di personalità. Si può forse spiegare il fenomeno con la dimensione limitata del mondo valdese, con la lentezza con cui è andato uscendo dalla sua secolare chiusura, con la difficoltà di inserimento nelle realtà e nell'uso della lingua italiana. Inoltre, si può dire che lo spirito di "evangelizzazione" di cui abbiamo parlato in precedenza fece sì che i migliori intellettuali valdesi scegliessero la carriera pastorale, dedicando alla Chiesa buona parte della loro attività.

Ciò non impedì tuttavia ad alcuni di loro di svolgere un'opera ad alto livello in campo storico. Fra Ottocento e primo Novecento è il caso di Emilio Comba, considerato a tutt'oggi uno dei fondatori della moderna medievistica valdese.

Notevole fu anche l'opera storica di Teofilo Gay. In precedenza Alessio Muston — fuggito in Francia nel 1835 perché, contro le proibizioni allora vigenti, aveva pubblicato a Parigi un libro di storia valdese — aveva continuato nella nuova patria l'attività di pastore e di storico. La ricerca sul Valdismo ha poi avuto in epoca più recente esponenti di rilievo nei professori Giovanni Jalla, Arturo Pascal e Augusto Armand-Hugon.

Nel periodo fra le due guerre l'opera di due personalità provenienti dall'esterno nel protestantesimo italiano fu importante per l'inserimento di quest'ultimo nella vita culturale del paese.

152. *Località Gheisa d'la Tana*
    Lapide a Edmondo de Amicis per le pagine
    dedicate ai Valdesi nell'opera
    "Alle porte d'Italia"

153. *Ultimo sguardo alla valle*

Ugo Janni, proveniente dall'ambiente dei Vecchi Cattolici, fu dall'inizio del Novecento pastore valdese, e la sua opera di pensatore religioso e di animatore culturale ebbe eco in tutto il paese. Giuseppe Gangale, accostatosi al protestantesimo dopo una fase di anticlericalismo ateo, aderì alla Chiesa battista, ma stimolò, con la sua opera di direttore di riviste, editore e rinnovatore degli studi sulla Riforma, numerosi intellettuali valdesi.

A capo della schiera di pastori e intellettuali che fra le due guerre rinnovarono sulle orme di Karl Barth la teologia valdese, fu Giovanni Miegge, pastore e professore nella Facoltà Valdese di Teologia, i cui lavori storici e dottrinali sono tuttora fondamentali per chi voglia conoscere il pensiero protestante.

In pari tempo la presenza del Valdismo come oggetto e soggetto di cultura in ambito italiano e internazionale si è largamente affermata, sicché, se volessimo qui menzionare gli studiosi viventi, italiani e stranieri, che si occupano di teologia, di storia, di filologia, di musicologia, di etnografia valdese, dovremmo fare una cinquantina di nomi, quasi tutti di docenti universitari, per metà circa di appartenenza confessionale valdese, e in vari casi di larga notorietà anche fuori dall'ambiente accademico.

Ci limitiamo ad osservare che questa attività culturale è stata un elemento decisivo per la presenza valdese nella società italiana. Diciamo infine che all'opera scientifica di questi studiosi si deve quanto di utile e valido spera di avere esposto l'autore della presente sintesi.

INDICE DEI NOMI

A
Abbadia Alpina, *pag. 20*
Abries (col d'), *pag. 20*
Abries, *pag. 52*
Abruzzi, *pag. 81*
Agàpe, *pag. 49, 65, 71, 114, 115*
Agosti Giorgio, *pag. 109*
Agugliassa (m.te), *pag. 17*
Airali, *pag. 11, 56*
Aix, *pag. 83*
Albergian (colle), *pag. 20, 53*
Albi, *pag. 76*
Allen William, *pag. 106*
Alpi, *pag. 24, 67, 74, 76, 81, 83, 86, 93, 98, 131*
America, *pag. 108*
Andreis Mario, *pag. 109*
Angrogna, *pag. 10, 21, 46, 49, 53, 54, 56, 69, 71, 83, 167, 169*
Angrogna (torrente), *pag. 16*
Argentina, *pag. 108*
Armand-Hugon Augusto, *pag. 170*
Arnaldo da Brescia, *pag. 77*
Arnaud Enrico, *pag. 38, 57, 93, 98, 99*
Assietta (colle dell'), *pag. 147*
Assisi, *pag. 77*
Augusta, *pag. 99*
Augusto, *pag. 74*
Austria, *pag. 80*
Avignone, *pag. 80*
(d') Azeglio Roberto, *pag. 106*

B
Baite Menusan (rifugio), *pag. 52*
Balsiglia, *pag. 53, 71, 98*
Barant (col), *pag. 17*
Barbara Lowrie (rifugio), *pag. 52, 54*
Bars d'la Tajola, *pag. 17*
Barth Karl, *pag. 110, 113, 114, 173*
Battaglione Monte Granero (rifugio), *pag. 52, 54*
Beckwith Charles, *pag. 56, 71, 106, 107*
Bergamo, *pag. 77*
Bert Amedeo, *pag. 170*
Beth, *pag. 48, 53*
Bibiana, *pag. 11, 74*
Bistolfi Leonardo, *pag. 57*
Bô dâ Col, *pag. 20*
Bobbio Pellice, *pag. 10, 16, 24, 39, 53, 54, 59, 74, 86, 98, 122*
Boemia, *pag. 80, 81*
Bologna, *pag. 129*
Borelli Francesco, *pag. 80*
Boucie (col), *pag. 16, 20*
Boucie (m.te), *pag. 52*
Bovile, *pag. 10, 20, 64*
Bricherasio, *pag. 11*

C
Cacet, *pag. 167*
Calabria, *pag. 80, 81, 85, 88*
Calandra Davide, *pag. 57*
Calderini, *pag. 57*

Calvino, *pag. 83*
Cappello d'Envie (m.te), *pag. 20, 49*
Carbonieri (comba dei), *pag. 17, 24, 52*
Carlo Alberto, *pag. 57, 102, 106, 108, 130*
Carlo I, Duca di Savoia, *pag. 81*
Carlo III, Duca di Savoia, *pag. 83*
Carlo Emanuele I, *pag. 86*
Carlo VIII, re di Francia, *pag. 81*
Carmagnola, *pag. 80*
Carolina del sud, *pag. 109*
Cartochimia, *pag. 49*
Castagnole, *pag. 80*
Castelluzzo, *pag. 17*
Cateau-Cambrésis, *pag. 86*
Catinat (gen.), *pag. 93*
Cattaneo Alberto, *pag. 81*
Cavour, *pag. 86, 108*
Cavour (conte di) Camillo Benso, *pag. 108, 146*
Charvaz Andrea, *pag. 102*
Chanforan, *pag. 56, 83, 122, 170*
Chanoux E., *pag. 113*
Chiabrano, *pag. 20, 64*
Chianuvere, *pag. 10*
Chieri, *pag. 80*
Chiotti Inferiori, *pag. 20, 21, 64*
Chisone (torrente), *pag. 10, 11, 20, 63*
Chivasso, *pag. 113*
Ciabàs, *pag. 56, 83, 166*
Ciabrano, *pag. 10*
Cialancia (punta), *pag. 20, 53*
Cialancia (conca), *pag. 53*
Cinisello Balsamo, *pag. 114*
Claudiana (editrice), *pag. 71, 108, 129*
Claudio, *pag. 74*
Coisson O., *pag. 113*
Comba Emilio, *pag. 170*
Coppieri (fraz.), *pag. 56*
Corcos, *pag. 49*
Costantino, *pag. 74*
Costanza, *pag. 81*
Cournour (m.te), *pag. 16, 20*
Cozie (Alpi), *pag. 74, 76, 80, 83, 170*
Cozio, *pag. 74*
Croce (colle della), *pag. 16, 52, 54*
Cromwell, *pag. 59, 88*
Cruel, *pag. 17*
Cruello, *pag. 59*
Crumière, *pag. 48, 59*
Cuneo, *pag. 166*

D
De Amicis Edmondo, *pag. 57, 170*
Delfinato, *pag. 80, 81, 88*
Dronero, *pag. 86*
Dublino, *pag. 82*
Durand-Canton, *pag. 99*

E
Eiminal (m.te), *pag. 20*
Emanuele Filiberto di Savoia, *pag. 59, 86*

Embrum, *pag. 99*
Europa, *pag. 71, 77, 80, 81, 86, 88, 93, 167*

F
Faetto, *pag. 10, 20, 21, 53, 64*
Farel Guillaume, *pag. 83*
Faure (colletta delle), *pag. 53*
Favout Poluccio, *pag. 113*
Fiandre, *pag. 80*
Fiat, *pag. 48*
Fleccia (fraz.), *pag. 63*
Filippo di Racconigi, *pag. 86*
Firenze, *pag. 108*
Frappier (m.te), *pag. 20*
Francesco I, re di Francia, *pag. 83*
Francia, *pag. 16, 17, 20, 24, 49, 54, 57, 67, 76, 80, 81, 83, 86, 98, 99, 102, 108, 109, 122, 152, 170*
Friolant (m.te), *pag. 17*
Forum Vibii, *pag. 74*

G
Gabriele di Savoia, *pag. 93*
Galmount (m.te), *pag. 20*
Gangale Giuseppe, *pag. 173*
Garibaldi Giuseppe, *pag. 88*
Garino (comba), *pag. 64*
Garzigliana, *pag. 11*
Gay Teofilo, *pag. 170*
Gaymet, *pag. 102*
Genre Arnaldo, *pag. 113*
Germanasca (torrente), *pag. 20*
Germania, *pag. 38, 49, 77, 80, 83, 93, 98, 99*
Geymet Pietro, *pag. 99*
Ghisi Federico, *pag. 146*
Gheisa d'la Tana, *pag. 56*
Ghinivert (m.te), *pag. 20*
Ghinivert (colle), *pag. 53*
Ghigo, *pag. 20, 49, 53, 65*
Gianavello Giosuè, *pag. 59, 88, 98, 167*
Gianna (col d'la), *pag. 17, 52*
Gianna (grange), *pag. 52*
Giardino Rostania (v. Rostania)
Gilly Stephen, *pag. 106*
Gilly W.S. *pag. 71*
Ginevra, *pag. 56, 82, 83, 86, 88, 98, 99, 114*
Giuliano (col), *pag. 16, 53*
Granero (m.te), *pag. 16, 17*
Gran Giulia, *pag. 53*
Gran Queyron, *pag. 20*
Gran Truc (m.te), *pag. 21*
Graziano, *pag. 49*
Gross-Villar, *pag. 99*
Guardia Piemontese, *pag. 85*
Guglielmo d'Orange, *pag. 98*
Guichard, *pag. 76*
Gütermann (setificio), *pag. 48*

H I J
Helca, *pag. 49*
Hus, *pag. 81*
Inghilterra, *pag. 81, 88, 98, 106*
Inverso Pinasca, *pag. 10, 54, 63, 64*
Inverso Porte, *pag. 10, 20, 59*
Italia, *pag. 10, 54, 71, 77, 80, 81, 83, 107, 108, 109, 114, 115, 170*
Jahier Bartolomeo, *pag. 88*

Jahier Piero, *pag. 59, 170*
Jalla Giovanni, *pag. 170*
Janni Ugo, *pag. 170*
Jervis Willy, *pag. 113*
Jourdan-Fortuna, *pag. 167*

L
Lago Verde (rifugio), *pag. 52, 53*
Las Arà, *pag. 21*
La Torre, *pag. 10*
Leger, *pag. 88*
Lemano (lago), *pag. 98*
Leutrum Federico, *pag. 56, 166*
Linguadoca, *pag. 76*
Lione, *pag. 76, 77, 80, 169*
Liussa (comba), *pag. 17, 24*
Lo Bue Francesco, *pag. 109, 113*
Lombardia, *pag. 77, 113*
Lombardini Jacopo, *pag. 109, 113, 114, 170*
Londra, *pag. 82*
Luberon, *pag. 83, 85*
Luigi XIV, re di Francia, *pag. 88, 98*
Luserna (borgata), *pag. 11, 25, 48*
Luserna (torrente), *pag. 25*
Luserna S. Giovanni, *pag. 10, 11, 16, 48, 49, 54, 56, 59, 74, 80, 83, 99*
Lusernetta, *pag. 11, 48, 56*
Lussie, *pag. 59*
Lusso Gino, *pag. 38, 39, 46*
Lutero, *pag. 83*

M
Madama reale, *pag. 88*
Manfredonia, *pag. 81*
Magno Alberto, *pag. 169*
Majera (cava), *pag. 48*
Malan (f.lli), *pag. 113*
Malan Giuseppe, *pag. 48, 113*
Malanaggio, *pag. 48*
Manifattura Abiti, *pag. 49*
Maniglia, *pag. 20, 64*
Manzol (m.te), *pag. 17*
Marche, *pag. 80*
Marengo, *pag. 102*
Margherita di Francia, *pag. 86*
Marsiglia, *pag. 152*
Martin (industrie), *pag. 48*
Massello, *pag. 10, 20, 48, 52, 53, 64, 65, 71, 98*
Mauriziano (ordine), *pag. 57*
Mazzonis (famiglia), *pag. 48*
Mazzonis (industrie), *pag. 59*
Meidassa (m.te), *pag. 17*
Meille Ada, *pag. 170*
Miand Parant, *pag. 52*
Miegge Giovanni, *pag. 173*
Michelin Davide, *pag. 147*
Microtecnica, *pag. 49*
Milano, *pag. 77, 110, 113*
Mirabouc (forte di), *pag. 59*
Moncalieri, *pag. 80*
Monte dei Capuccini, *pag. 130*
Monviso, *pag. 24*
Morland, *pag. 88*
Muston Alessio, *pag. 170*

N
Nantes, *pag. 88*
Napoleone, *pag. 102*
Natura Holding, *pag. 49*
Neff Felix, *pag. 131*
Nerone, *pag. 74*
New York, *pag. 109*
Nizza, *pag. 108*

O
Odin-Bertot, *pag. 71*
Olanda, *pag. 49, 99*
Olivetano Roberto, *pag. 83*

P
Paesana, *pag. 86*
Paesi Bassi, *pag. 80*
Page Ernesto, *pag. 113*
Palavas (m.te), *pag. 16*
Palermo, *pag. 114*
Pancalieri, *pag. 11*
Parant (rifugio), *pag. 52*
Parigi, *pag. 170*
Pascal Arturo, *pag. 170*
Paschetto Paolo, *pag. 83, 129, 145, 170*
Payant, *pag. 74*
Pellice (torrente), *pag. 11, 16, 17, 25*
Perosa Argentina, *pag. 10, 20, 48, 49, 63*
Perouse, *pag. 99*
Perrero, *pag. 10, 20, 38, 52, 53, 54, 63, 64*
Peui, *pag. 167*
Peumian, *pag. 167*
Peyronel Giorgio, *pag. 113*
Pianezza, *pag. 80*
Pianezza (marchese di), *pag. 88*
Pian Prà, *pag. 17, 54, 59*
Piemonte, *pag. 67, 74, 80, 81, 83, 85, 86, 102, 108, 153, 166*
Pinach, *pag. 99*
Pinasca, *pag. 20, 63*
Pinerolo, *pag. 10, 11, 20, 48, 56, 59, 64, 67, 80, 86, 99, 102*
Piossasco, *pag. 67*
Pis (colle del), *pag. 53*
Pis della Gianna (conca del), *pag. 52*
Po, *pag. 11*
Podio, *pag. 86, 122*
Polonghera, *pag. 11*
Pomaretto, *pag. 10, 20, 24, 38, 54, 63, 69, 71, 167*
Pomerania, *pag. 80*
Pomieri (regione), *pag. 54*
Pons Teofilo, *pag. 146, 149*
Porte, *pag. 10, 20, 48*
Prà, *pag. 16, 17, 24, 52*
Pra del Torno, *pag. 16, 24, 56, 69, 86*
Pragelato, *pag. 83, 99*
Pragiassaud, *pag. 59*
Pralafera, *pag. 48*
Prali, *pag. 10, 16, 20, 24, 25, 48, 49, 52, 53, 54, 65, 71, 83, 98, 114, 149, 153*
Pramollo, *pag. 10, 20, 21, 24, 49, 53, 54, 59, 86, 98, 110, 167*
Prarostino, *pag. 10, 20, 21, 24, 38, 54, 59, 152*
Provenza, *pag. 74, 76, 80, 83*
Prussia, *pag. 80, 106*
Puglie, *pag. 80, 81*

Puy, *pag. 122*

Q
Queyras, *pag. 20, 80*

R
Ribet Gustavo, *pag. 113*
Riesi, *pag. 114*
Riclaretto (Rioclaretto), *pag. 10, 20, 64*
Rijswick, *pag. 99*
Risagliardo, *pag. 20*
RIV, *pag. 48, 49*
Rocca Bianca (m.te), *pag. 20, 48*
Roccapiatta, *pag. 10, 59*
Rodoretto, *pag. 10, 20, 65, 71*
Rollier Mario Alberto, *pag. 109, 113*
Roma, *pag. 67, 76, 81, 88, 108*
Rorà, *pag. 10, 16, 17, 24, 25, 53, 54, 59, 71, 88, 99*
Rostania (giard. botanico), *pag. 53, 59*
Roux (colle del), *pag. 9, 16, 20, 53*
Ruata, *pag. 59*
Ruspart, *pag. 17*

S
Salbertrand, *pag. 98*
Saluzzo, *pag. 86, 122*
Salza, *pag. 10, 20, 48, 64*
San Bartolomeo, *pag. 10, 59*
San Bernardino da Siena, *pag. 56*
San Domenico, *pag. 77*
San Francesco, *pag. 77*
San Germano Chisone, *pag. 10, 20, 24, 48, 54, 59, 69, 86*
San Giovanni, *pag. 10, 11, 21, 24, 56, 69, 71, 83, 102*
Sangone, *pag. 80*
San Lorenzo, *pag. 56, 83*
San Martino, *pag. 10, 20, 57, 64*
San Secondo, *pag. 10, 59*
Santa Maria di Torre Pellice (Forte di), *pag. 57*
Saraceni, *pag. 74*
Sarzenà, *pag. 74*
Savoia (i), *pag. 24, 56, 57, 102, 166*
Sea, *pag. 17, 49*
Seillere (colle), *pag. 52*
Serafino Ettore, *pag. 113*
Serre, *pag. 56, 83*
Servin (m.te), *pag. 21*
Sibaud, *pag. 59, 98, 129*
Sicilia, *pag. 114*
Soardi (bivacco), *pag. 52*
Società Talco e Grafite, *pag. 48, 49*
Spagna, *pag. 64, 80, 83, 85, 86*
Spoleto, *pag. 81*
Stati Uniti, *pag. 49, 109*
Subiasc, *pag. 17, 98*
SKF, *pag. 49*
Susa, *pag. 74, 80*
Svizzera, *pag. 49, 83, 98*

T
Tarragona, *pag. 80*
Torino, *pag. 11, 25, 38, 71, 86, 88, 102, 106, 108, 109, 152*
Torre Pellice, *pag. 16, 17, 24, 39, 48, 49, 53, 54, 56, 57, 69, 71, 74, 83, 88, 99, 102, 108, 109, 110, 130*

Traverse, *pag. 10, 64*
Tredici laghi (altopiano dei), *pag. 20, 52, 53*
Trinità (conte della), *pag. 86*
Tron Emilio, *pag. 146*
Trossieri, *pag. 53*
Turati (filatura), *pag. 48,*
Turina (frazione), *pag. 59*

U
Umbria, *pag. 80, 81*
Urina (colle dell'), *pag. 52, 54*
Uruguay, *pag. 108*
Utrecht, *pag. 99*

V
Vaccera (colle della), *pag. 21, 49, 53, 56*
Vaciago (filatura), *pag. 48*
Valanza, *pag. 53*
Val d'Angrogna, *pag. 16, 17, 20, 21, 24, 38, 83, 86, 88*
Val Argentiera, *pag. 20*
Val dell'Argentière, *pag. 80*
Val d'Aosta, *pag. 119*
Val Chisone, *pag. 10, 20, 21, 24, 48, 49, 53, 54, 59, 80, 83, 86, 88, 99, 122*
Val Durance, *pag. 80*
Val di Freyssinière, *pag. 80*
Val Germanasca, *pag. 10, 16, 20, 24, 25, 38, 48, 52, 53, 54, 64, 65, 71, 110, 122, 130, 149, 152*
Valle di Luserna, *pag. 10, 11, 81, 99, 122*
Valle Padana, *pag. 77*
Val Pellice, *pag. 10, 11, 16, 17, 20, 24, 25, 38, 48, 49, 52, 53, 54, 56, 59, 71, 74, 81, 83, 86, 88, 110, 122, 129, 131, 147, 149, 152*
Val Perosa, *pag. 20, 99*
Val Po, *pag. 17*
Val Pragelato, *pag. 93*
Val Pute, *pag. 80*
Val Queyras, *pag. 54*
Val San Martino, *pag. 10, 88*
Valle Susa (Gruppo), *pag. 48*
Valdese (città), *pag. 109*
Valdo Pietro, *pag. 76, 77, 81, 114*
Vallon Crô (Bergeria), *pag. 52*
Vallouise, *pag. 80*
Vandalino (m.te), *pag. 17, 24, 74*
Varaglia Giaffredo, *pag. 86*
Venturi Franco, *pag. 109*
Verde (lago), *pag. 53*
Vergio (m.te), *pag. 20*
Verona, *pag. 76*
Vibelli, *pag. 74*
Villa (di) Rodoretto, *pag. 53*
Villanova, *pag. 16, 52, 53*
Villar Alto, *pag. 10*
Villar Pellice, *pag. 10, 16, 17, 24, 48, 54, 59, 69, 113*
Villar Perosa, *pag. 20, 48, 63, 69*
Villasecca, *pag. 20, 64*
Vinay Tullio, *pag. 114*
Vittorio Amedeo II, *pag. 59, 93, 98, 99*
Vittorio Emanuele I, *pag. 102*

W
Waldburg-Truchsess, *pag. 106*
Waterloo, *pag. 106*
Widemann (cotonificio), *pag. 48, 59*
Willy Jervis (rifugio), *pag. 52, 54*
Wurttemberg, *pag. 99*
Wyclif, *pag. 81*

INDICE

PREFAZIONE . . . . p. 5

CAPITOLO I — L'AMBIENTE

1. Premessa . . . . « 9
2. La Val Pellice e le sue convalli: struttura geografica . . . . « 11
3. Val Chisone, Val Germanasca e convalli: struttura geografica . . . . « 20
4. Paesaggio, flora, fauna e minerali . . . . « 24
5. L'economia: agricoltura, industria, turismo . . . . « 38
6. L'"habitat": cittadine, paesi e villaggi . . . . « 56
7. I Valdesi nelle Valli di oggi. Istituzioni assistenziali e culturali . . . . . . « 67

CAPITOLO II — LA STORIA

1. Premessa . . . . « 74
2. Le origini del movimento valdese . . . . « 76
3. Dall'adesione alla Riforma al "glorioso rimpatrio" . . . . « 83
4. Dal ritorno alle Valli all'"emancipazione" del 1848 . . . . « 99
5. Dall'"emancipazione" alla Resistenza (1848-1945) . . . . « 107
6. Dal dopoguerra all'Intesa con lo stato italiano (1945-1984) . . . . « 114

CAPITOLO III — VITA RELIGIOSA, COSTUMI, TRADIONI

1. La Chiesa, le comunità, il culto . . . . « 122
2. Le feste valdesi. Il "costume valdese". Gli emblemi . . . . « 130
3. La tradizione musicale . . . . « 145
4. Tradizioni e costumi di vita montanara . . . . « 149
5. Folclore valdese . . . . « 167
6. Conclusione: la presenza valdese nella cultura dell'Italia unita . . . . « 170

L'autore del testo e i fotografi ringraziano tutti coloro che hanno collaborato alla realizzazione del libro.

Si ringraziano la Società Talco e Grafite per la gentile concessione dell'immagine a pag. 47 e la C.I.O.V. per l'immagine di pag. 61.